• 회화 중심의 실전학습 •

만리장성 중국어 3

왕옥지 지음

문운당

머리말

깊은 잠에 빠져 있던 중국은 1979년 등소평의 개혁·개방정책을 실천한 후, 각 방면으로 비약적인 발전을 거듭하여, 오늘날 세계 제2의 경제대국으로 부상하며 미국까지 위협하고 있다.

문호개방을 한지 10여 년만인 1992년 8월 우리에게 거대한 허상으로만 인식되었던 중국은 한·중수교를 통하여 실상으로 우리에게 다가왔다. 이어 중국열풍도 불어왔고, 종전에 없는 일, 즉 우리나라에 대한 열풍도 중국은 물론 중화권 나라에서 불기 시작했다. 중국의 한류(漢流)와 우리의 한류(韓流)가 공존하고 있는 이 시대에 한·중 양국은 더 이상 어느 한쪽이 일방적으로 바라보고 있는 관계가 아니다.

한·중 양국의 관계와 교류가 발전을 거듭하면서, 중국어 교육이 강조되고 교재의 질적 수준이 요구되며, 중국에서는 물론 우리나라에서도 다양한 중국어 교재가 줄이어 출판되고 있다.

저자는 1998년 ≪기초중국어회화≫에 이어 2002년에 ≪기초중국어≫를 저술하였고, 중국어 교재의 질적 요구와 편집추세에 따라 새로운 교재의 저술이 간절하여 2009년 ≪만리장성 중국어정복≫ 입문편과 초중급편이 집필·개발되었으며, 2013년에는 만리장성 중국어 1과 2에 이어서 회화중심의 실전중국어를 집필·개발하게 되었다.

외국어 학습은 아동에게는 학문이 아닌 암기와 습관의 과정이지만, 중학생 이상의 성인에게는 막연하게 암기 그리고 습관화해서 마스트하기에는 시간적 여유가 없다. 이들에게 효율적 학습방법은, 정확한 발음은 물론, 문형·용법 등을 동시에 습득하는 것이다. 발음과 어법은 외국어 학습에 있어 기초단계이고, 문형은 언어의 규칙이며, 정확한 외국어 구사능력과 활용능력을 향상시키는 중요한 도구가 된다. 그러나 학문적으로 심도 있게 다룰 필요는 없다.

중국어는 “세계에서 가장 간략한 언어체계” 로 이루어지므로, 중국어 어법은 다른 외국어, 특히 우리말보다 훨씬 간단하다. 그러므로 중국어 1에서 문형과 용법은 거의 70~80%가 다루어지며, 중국어 2 단계에서 활용능력의 기초가 되는 학습이 모두 이루어진다.

이 책은 중국어 3 과정으로, 중국어 1과 2인 기초학습을 토대로 한 회화중심의 실전학습단계이다. 더 많고 더 다양한 표현과 내용, 어휘를 쉽고 체계적으로 마스트하도록 하였고, 본문 내용과 관련된 독해 파트를 통해 쉽고 알찬 독해능력과 말하기 능력을 향상시켜 준다.

끝으로 이 책이 여러분의 기초중국어 실력 향상에 유익한 벗이 되기를 바라며, 이 책의 출간에 힘써주신 문운당의 모든 분들께 감사드립니다.

2013년 1월

왕 옥 지

목 차

일러두기

명 명사	동 동사	능동 능동사
형 형용사	부 부사	양 양사
전 전치사	수 수사	성 성씨
접 접속사	고명 고유명사	피동 피동사
사동 사역동사	결보 결과보어	

실전 회화

인물그림

인물 A

한국인 남자, 삼성전자 근무
40대
孙文德(sūn wén dé)

인물 B

한국인 여자, 가이드
30대
张恩惠(zhāng ēn huì)

인물 C

중국인 남자, 중국대사관 근무
40대
林强(lín qiǎng)

인물 D

중국인 여학생,
한국대학교 유학생, 20대
杨英(yáng yīng)

인물 E

식당 종업원(남)
20대
餐厅 服务员:男
(cāntīng fúwùyuán:nán)

인물 F

옷가게 점원(여)
20대
服装店 店员:女
(fúzhuāngdiàn diànyuán:nǚ)

인물 G

카운터 아가씨
30대
柜台 小姐
(guìtái xiǎojiě)

인물 H

호텔직원(남), 30대
酒店 服务员:男
(jiǔdiàn fúwùyuán:nán)

인물 I

여행사 여직원
30대
旅行社 女工
(lǚxíngshè nǚgōng)

인물 J

항공사 직원(남)
30대
航空公司 员工
(hángkōng gōngsī yuángōng)

인물 K

행인 50대 부인
行人(xíngrén)

인물 L

은행 여직원
20대
银行 服务员:女
(yínháng fúwùyuán:nǚ)

인물

임강의 동료 (남)
40대
同事 老曺
(tóngshì lǎocáo)

第一课 我來介绍一下

dì yī kè　　wǒ lái jièshào yíxià

제1과　　제가 소개 좀 하겠습니다.

소개와 직업

새단어 生词 [shēngcí] 녹음1

介绍	jièshào	명 동	소개(하다)
一下	yíxià(r)		한 번, '동사 + 一下': 좀~하다
林	lín	성	임(성씨), 림
张	zhāng	성 양	장(성씨), 장(종이, 의자 따위의 양사)
初次	chūcì	부	처음
见面	jiànmiàn	동	만나다
多	duō	형 부	많다, 많이
观照	guānzhào	동	보살피다, 돌보다
哪里	nǎlǐ		어디, 별말씀을요?
当	dāng	동	(~직에) 종사하다
导游	dǎoyóu	명	가이드
大使馆	dàshǐguǎn	명	대사관
三星电子	sānxīng diànzǐ	고명	삼성전자
小杨	xiǎo yáng		양군. '杨양(성씨) 앞에 '小'자를 붙인 호칭

제1과 실용회화(实用会话[shíyòng huìhuà]) 녹음2

1

A：我來介绍一下，这位是林先生，
wǒ lái jièshào yíxià(r), zhè wèi shì lín xiānsheng,

这位是张小姐.
zhè wèi shì zhāng xiǎojiě

B：你好！
nǐ hǎo

C：好！初次见面，请多观照.
hǎo! chūcì jiànmiàn, qǐng duō guānzhào

B：哪里！哪里！
nǎlǐ! nǎlǐ!

2

A：我在三星电子公司工作.
wǒ zài sānxīng diànzǐ gōngsi gōngzuò.

B：我当导游.
wǒ dāng dǎoyóu.

C：我在中国大使馆工作. 唉！她是小楊.
wǒ zài zhōngguó dàshǐguǎn gōngzuò. āi！ tā shì xiǎo yáng.

D：你们好！我读韩国大学校.
nǐmen hǎo！ wǒ dú hánguó dàxuéxiào

중국어규칙 및 표현 다지기

1 "我來介紹一下"에서 '來'는 방향을 나타내는 표현으로 "와서…"란 뜻이다.

2 '小+성씨'

10대나 20대 젊은이에게 성씨 앞에 '小'자를 붙여 사용할 수 있다. 손아랫 사람에게 또는 젊은이 사이에서 부담 없이 부르는 호칭이다. 선생이 학생에게도 '小+성씨(~군)'으로 칭할 수 있다.

메 모

대체 및 활용연습

1 你在哪儿工作?
nǐ zài nǎr gōngzuò
(당신은 어디에서 일을 하십니까?)

我在贸易公司上班.
wǒ zài màoyì gōngsi shàngbān
(저는 무역회사에서 일을 합니다.)

대체

医院	yīyuàn	의원, 병원
航空公司	hángkōng gōngsi	항공회사
超市	chāoshì	마트

2 你在哪个单位工作?
nǐ zài nǎ ge dānwèi gōngzuò
(당신은 어느 부서에서 일을 하십니까?)

单位 dānwèi 단위, 기관, 직장

我在市政府工作.
wǒ zài shìzhèngfǔ gōngzuò
(저는 시청에서 일을 합니다.)

市政府 shìzhèngfǔ 시청

대체

银行	yínháng	은행
邮局	yóujú	우체국

3 你爸爸做什么事?

nǐ bàba zuò shénme shì(r)

(너의 아버지는 무슨 일을 하니?)

我爸爸是外交官.

wǒ bàba shì wàijiāoguān

(나의 아버지는 외교관이다.)

外交官 wàijiāoguān 외교관

대체

医生	yīshēng	의사(医师)
护士	hùshì	간호사
乘务员	chénwùyuán	승무원
公务(人)员	gōngwù(rén)yuán	공무원
警察	jǐngchá	경찰
职员	zhíyuán	직원
售货员	shòuhuòyuán	판매원
服务员	fúwùyuán	종업원, 서비스업에 종사하는 사람
模特儿	mótè'ér	모델
司机	sījī	운전기사

4 他是做什么的?

tā shì zuò shénmede

(그는 무슨 일을 하는 사람입니까?)

他是卖花的.

tā shì màihuāde

(그는 꽃 파는 사람입니다.)

卖花的 màihuāde 꽃을 파는 사람

대체

种地的	zhòngdìde	농부(=农夫 nóngfū)
送报的	sòngbàode	신문 배달원
送信的	sòngxìnde	우편 배달부(=邮差 yóuchāi)

중국말 다지기 녹음3

这位先生姓林，叫林强.
zhè wèi xiānsheng xìng lín, jiào lín qiáng.

她叫杨英. 他俩都是中国人.
tā jiào yáng yīng. tā liǎ dōu shì zhōngguorén.

林先生来自中国北京，现在在首尔中国大使馆工作.
lín xiānsheng lái zì zhōngguó běijīng, xiànzài shǒu'ěr zhōngguó dàshǐguǎn gōngzuò.

小杨来自台湾. 她读韩国大学，是大学生.
xiǎo yáng lái zì táiwān. xiànzài dú hánguódàxué, shì dàxuéshēng.

这位小姐叫张恩惠. 她当导游，
zhè wèi xiǎojiě jiào zhāng ēn huì. tā dāng dǎoyóu,

我叫孙文德，在三星电子公司工作. 我俩是韩国人.
wǒ jiào sūn wén dé, zài sānxīng diànzǐ gōngsī gōngzuò. wǒ liǎ shì hánguórén.

我爱人的伯父是这个公司的最大股东.
wǒ àirén de bófù shì zhè ge gōngsi de zuì dài gǔdōng.

단어

倆	liǎ	두 사람
來自	lái zì	~로부터 오다
爱人	àirén	명 애인, 중국에서는 부부간의 칭호로 사용함.
伯父	bófù	백부
最大	zuì dà	최대, 가장 크다
股东	gǔdōng	지분소유자
林强	lín qiáng	임강(인명)
张恩惠	zhāng ēnhuì	장은혜(인명), 恩惠 은혜
孙文德	sūn wén dé	손문덕(인명)
北京	běijīng	북경, 베이징(지명)
台湾	táiwān	대만, 타이완(지명)

문장분석

我爱人的伯父 / 是 / 这个公司的最大股东.

주어 / be동사 / 주격보어

내 실력체크

듣기 녹음4

1 선택

① 북경　　서울　　② 중국인　한국인

2 O, × 문제

① 손문덕은 가이드를 한다.....(　　)　② 임강은 중국인이다........(　　)

대화

1 林先生在哪儿工作?

他在 ____________________

2 张恩惠是哪国人?

她是 ____________________

번역 및 정답

회화 번역

1. 제가 소개 좀 하겠습니다. 이분은 미스터임이고, 이분은 미스 장입니다.
   안녕하세요!
   안녕하세요! 처음 뵙습니다. 많이 보살펴주세요.
   별말씀을요.

2. 저는 삼성전자에서 일을 합니다.
   저는 가이드를 합니다.
   저는 중국대사관에서 일을 합니다. 아! 그녀는 양군이에요.
   안녕하세요! 저는 한국대학교에 다닙니다.

중국말다지기 번역

이 남자분의 성은 임씨고, 이름은 임강이라 한다.
그녀의 이름은 양영이고, 그들 두 사람은 모두 중국인이다.
미스터 임은 중국 북경에서 왔고, 지금 서울 중국대사관에서 일을 한다.
샤오양은 대만에서 왔으며, 그녀는 한국대학교에 다니고, 대학생이다.
이 여자분의 이름은 장은혜이고 그녀는 가이드 일을 한다.
나의 이름은 손문덕이고, 삼성전자에서 일을 하며, 우리 두 사람은 한국인이다.
내 처의 백부는 이 회사의 최대 주주이다.

내 실력체크 정답

● 듣기

1. ① 北京 ② 韩国人
2. ① 张恩惠当导游. ② 林强是中国人.

● 대화

1. 大使馆工作 2. 韩国人

간자체 쓰기

介 jiè	丿 𠆢 介 介
绍 shào	𠃋 乡 纟 纟 纫 纫 绍 绍
林 lín	一 十 才 木 木 村 材 林
张 zhāng	乛 コ 弓 弓 弓 张 张 张
初 chū	丶 ㇇ 礻 衤 衤 衤 初
次 cì	丶 冫 冫 冫 次 次
见 jiàn	丨 冂 贝 见
面 miàn	一 丆 丆 百 而 而 而 面 面

한자	병음	필순
观	guān	㇇ 又 对 对 观 观
照	zhào	丨 冂 日 日 旫 旫 昭 昭 昭 照 照 照 照
哪	nǎ	丨 冂 口 叮 叮 吗 哪 哪 哪
里	lǐ	丨 冂 冃 日 甲 里 里
当	dāng	丨 ⺌ ⺌ 当 当 当
导	dǎo	㇆ コ 巳 巳 导 导
游	yóu	丶 冫 氵 氵 氵 汸 汸 游 游 游 游 游
使	shǐ	丿 亻 仁 仁 佢 佢 使 使
馆	guǎn	丿 ⺈ 饣 饣 饣 饣 饣 馆 馆 馆 馆

星 xīng	丨 冂 日 日 旦 旦 早 星 星
电 diàn	丨 冂 日 日 电
杨 yáng	一 十 木 木 杉 杨 杨

第二课 我们都在学习外语.

dì èr kè　wǒmen dōu zài xuéxí wàiyǔ

제 2 과　우리는 모두 외국어를 배우는 중이다.

외국어 배우기 및 기숙사 소개

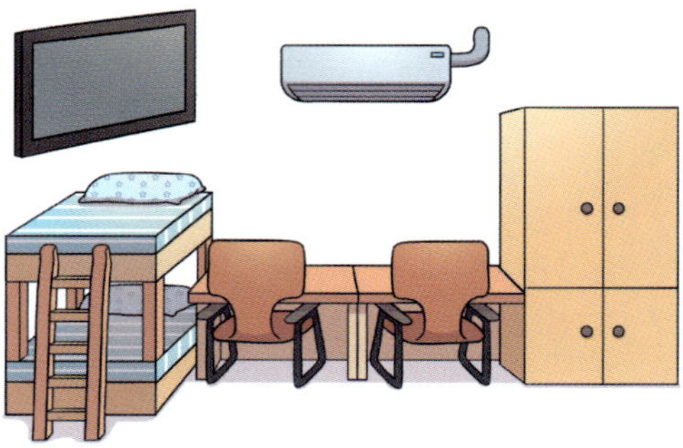

새단어 生词 [shēngcí] 녹음5

• 需要	xūyào	동	필요하다
• 彼此	bǐcǐ	부	피차, 서로
• 俩	liǎ		두 사람
• 水平	shuǐpíng	명	수준
• 怎样	zěnyàng		어떠합니까? 어떻게(=怎么样 zěnmeyàng)
• 肯定	kěndìng	부 동 형	분명, 긍정하다, 긍정적이다, 긍정적인
• 会	huì	능동	~할 것이다, 할 줄 안다
• 讲	jiǎng	동	말하다(=说 shuō)
• 一点点	yìdiǎndiǎn(r)		아주 약간, 아주 조금

제2과 실용회화(实用会话[shíyòng huìhuà]) 녹음6

1

A：现在很需要汉语，我要好好学习.
xiànzài hěn xūyào hànyǔ, wǒ yào hǎohao xuéxí.

B：我也想学好中国语.
wǒ yě xiǎng xué hǎo zhōngguóyǔ.

C：彼此彼此.
bǐcǐ bǐcǐ

D：对！我俩都在学韩语呢.
duì! wǒ liǎ dōu zài xué hányǔ ne.

2

A：我们四个人，不知英语水平怎样？
wǒmen sì ge rén, bù zhī yīngyǔ shuǐpíng zěnyàng?

C：英语呀！肯定都会讲一点点吧.
yīngyǔ yā! kěndìng dōu huì jiǎng yìdiǎniǎn(r) ba

B：杨英，你会说日语吗？
yáng yīng, nǐ huì shuō rìyǔ ma?

D：不会说，没学过.
bú huì shuō, méi xué guò

중국어규칙 및 표현 다지기

1 '好' 자의 사용법

① 好 : 좋다
② 好好 : 잘
③ '동사+好' : '好'자가 동사 뒤에 와서 결과보어로 동사의 결과를 나타내며, '잘' 또는 '다' 등의 뜻으로 사용된다.

2 彼此彼此

'彼此'는 '피차, 서로'란 뜻으로, '피차 마찬가지다'란 표현으로도 통한다. 중복해서 쓰는 것은 중국어 특징 중의 하나로 더욱 친절함을 나타내기도 한다.

3

'一点点'은 '一点儿('조금, 약간)'의 중복 형으로, '매우, 아주'란 의미가 더 내포된다.

메 모

대체 및 활용연습

1 你读哪个大学?
nǐ dú nǎ ge dàxué
(너는 어느 대학에 다니니?)

我读北京大学.
wǒ dú běijīng dàxué.
(나는 북경대학에 다녀.)

대체

首尔	shǒu'ěr	서울
高丽	gāolì	고려
成均馆	chéngjūnguǎn	성균관
清华	qīnghuá	청화
台湾	táiwān	대만 = 台大(약칭)
政治	zhèngzhì	정치 = 政大(약칭)
北京 = 北大(약칭)		

2 你读哪个(学)系?
nǐ dú nǎ ge xué xì
(너는 어느 학과에 다니니?)

(学)系 (xué)xì 학과

我读历史系.
wǒ dú lìshǐxì.
(나는 사학과에 다녀.)

대체

地理	dìlǐ	지리
体育	tǐyù	체육
物理	wùlǐ	물리
美术	měishù	미술

3 你是哪个大学的学生?

nǐ shì nǎ ge dàxué de xuéshēng

(너는 어느 대학의 학생이니?)

我是韩国大学酒店管理系一年级的学生.

wǒ shì hánguó dàxué jiǔdiàn guǎnlǐ xì yì niánjí de xuéshēng

(나는 한국대학 호텔경영학과 1학년 학생이야.)

酒店 jiǔdiàn 호텔, 주점
管理 guǎnlǐ 관리(하다), 경영

4 你学哪个外语?

nǐ xué nǎ ge wàiyǔ

(너는 어느 외국어를 배우니?)

我学法语.

wǒ xué fǎyǔ

(나는 불어를 배워.)

대체

德语	déyǔ	독일어
俄语	éyǔ	러시아어
西班牙语	xībānyáyǔ	스페인어
葡萄牙语	pútáoyáyǔ	포르투갈어
印度语	yìndùyǔ	인도어

문장분석

我 / 是 / 韩国大学酒店管理系一年级的学生.

주어 be동사 주격보어

메 모

중국말 다지기 녹음7

金秀丽和朴文哲是韩国留学生，
jīn xiù lì hé piáo wén zhé shì hánguó liúxuéshēng,

他们在北京大学学习汉语.
tāmen zài běijīng dàxué xuéxí hànyǔ

他们交了两个中国朋友，一个叫李美英，
tāmen jiāo le liǎng ge zhōngguó péngyǒu, yí ge jiào lǐ měi yīng,
一个叫王俊.
yí ge jiào wáng jùn

他们在中国生活得非常愉快.
tāmen zài zhōngguó shēnghuó de fēicháng yúkuài.

金秀丽和朴文哲住在学校，宿舍里有两张床，
jīn xiù lì hé piáo wén zhé zhù zài xuéxiào, sùshè lǐ yǒu liǎng zhāng chuáng,

两张书桌，两把椅子，有衣柜，有电视，有空调，
liǎng zhāng shūzhuō, liǎng bǎ yǐzi, yǒu yīguì yǒu diànshì, yǒu kōngtiáo,

还有卫生间.
hái yǒu wèishēngjiān

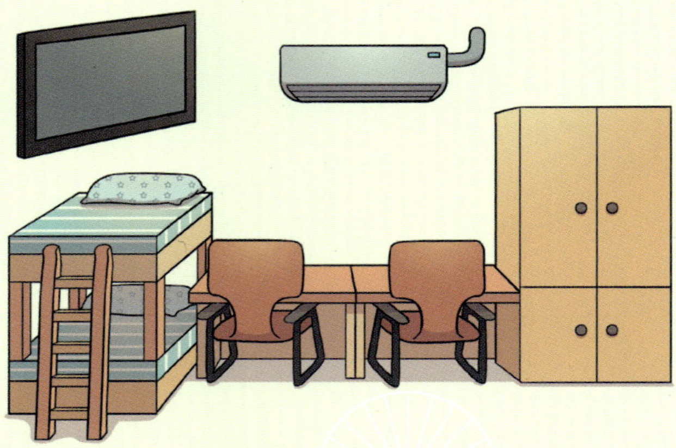

단어

床	chuáng	침대
书桌	shūzhuō	책상
把	bǎ	(의자, 우산, 칼 등)의 양사
椅子	yǐzi	의자
衣柜	yīguì	옷장
卫生间	wèishēngjiān	화장실(=洗手间 xǐshǒujiān)
空调	kōngtiáo	냉난방기(冷气 lěngqì 에어콘, 暖气 nuǎnqì 난방기)

문장분석

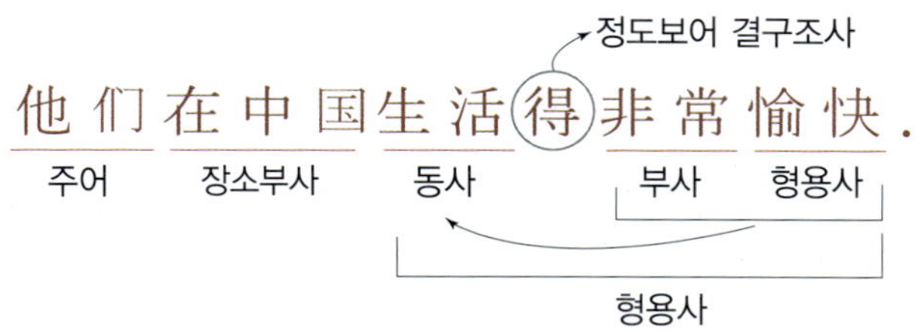

메 모

내 실력체크

듣기 녹음8

1 선택

① 아주 약간　　약간　　　　　② 중국어　　한국어

2 O, × 문제

① A와 B는 중국어를 잘 배우고 싶어 한다.....(　　)

② 기숙사에는 TV가 없다..(　　)

대화

1 杨英会说日语吗?

她 ____________________.

2 宿舍里有什么?

都有 ____________________.

번역 및 정답

회화 번역

1. 지금 중국어가 아주 필요해. 나는 잘 배워야 해.
   나도 중국어를 잘 배우고 싶어.
   피차 마찬가지야.
   맞아! 우리 둘은 모두 한국어를 배우고 있는 중이야.
2. 우리 네 사람, 영어 수준이 어떻게 되는지 모르겠어.
   영어! 분명 조금씩은 모두 말할 줄 알겠지.
   양영, 너 일본어는 말 할 줄 아니?
   못해요, 배워 본 적이 없어요.

중국말다지기 번역

김수려와 박문철은 한국 유학생이다.
그들은 북경대학에서 중국어를 공부한다.
그들은 중국 친구 둘을 사귀었는데, 한 명은 이미영이라 하고, 한 명은 왕준이라한다.
그들은 중국에서 매우 유쾌하게 생활을 한다.
김수려와 박문철은 학교에서 거주하는데, 기숙사에는 침대 두 개, 책상 두 개, 의자 두 개가 있고, 옷장, TV, 냉난방기가 있으며, 또 화장실이 있다.

내 실력체크 정답

● 듣기

1. ① 一点点 ② 中国语
2. ① A和B想学好汉语。 ② 宿舍里有电视。

● 대화

1. 不会说日语
2. 床，书桌，椅子

간자체 쓰기

한자	병음
需	xū
彼	bǐ
此	cǐ
俩	liǎ
平	píng
肯	kěn
定	ding
讲	jiǎng

床	chuáng	丶 亠 广 户 庁 庥 床
书	shū	乛 马 书 书
桌	zhuō	丨 ⺊ ⺊ 占 卢 貞 直 卓 桌 桌
把	bǎ	一 亅 扌 扣 扣 扣 把
椅	yǐ	一 十 才 木 朾 杧 杕 柠 柠 椅 椅 椅
柜	guì	一 十 才 木 朩 朩 柜 柜 柜
卫	xeì	乛 卫 卫
间	jiān	丨 丨 门 门 问 间 间
洗	xǐ	丶 丶 氵 氵 氵 汼 洗 洗 洗

空 kōng	丶 丷 宀 宂 穴 穵 空 空
调 tiáo	丶 讠 讠 订 订 讶 讶 调 调 调
冷 lěng	丶 冫 冫 冫 冷 冷 冷
暖 nuǎn	丨 冂 月 日 日 日 日 日 日 日 日 暖 暖

第三课　我已经结婚了.

dì sān kè　　wǒ yǐjīng jiéhūn le

제 3 과　　나는 이미 결혼했어요.

결혼, 자녀와 나이

새단어 生词 [shēngcí] 녹음9

• 结婚	jiéhūn	명 동	결혼(하다)
• 孙	sūn	성	손(성씨)
• 已经	yǐjīng	부	이미
• 岁数	suìshù	명	나이(数字 shùzì 숫자, 数数 shǔshù 숫자를 세다)
• 不错	búcuò		괜찮다, 틀리지 않아 (错: 틀리다)
• 这样	zhèyàng		이렇게
• 老	lǎo	형	늙다, '老+성씨': 3,40대 이상인 대상에게 쓰는 호칭.
• 家庭主妇	jiātíng zhǔfù	명	가정주부
• 孩子	háizi	명	아이
• 一男	yì nán		일남
• 一女	yì nǚ		일녀
• 男孩儿	nánháir	명	남자아이
• 女孩儿	nǚháir	명	여자아이

제3과 실용회화(实用会话[shíyòng huìhuà]) 녹음10

1

A：老林，你今年几岁？结婚了吗？
lǎo lín, nǐ jīnnián jǐ suì? jiéhūn le ma?

C：四十一岁. 还沒结婚. 老孙，你呢？
sì shí yī suì. hái méi jiéhūn. lǎo sūn, nǐ ne?

A：我已经结婚了. 今年四十六岁.
wǒ yǐjīng jiéhūn le. jīnnián sì shí liù suì.

C：你说的是韩国岁数吧.
nǐ shuō de shì hánguó suìshù ba.

A：不错，这样说，我比你只大三岁啊.
búcuò, zhèyàng shuō, wǒ bǐ nǐ zhǐ dà sān suì a.

2

C：老孙，你爱人工作吗？
lǎo sūn, nǐ àirén gōngzuò ma?

A：她不工作，是个家庭主妇.
tā bù gōngzuò, shì ge jiātíng zhǔfù.

C：是吗？那你有几个孩子.
shì ma? nà nǐ yǒu jǐ ge háizi.

A：一男一女. 男孩儿七岁，女孩儿十岁.
yì nán yì nǚ. nánháir qī suì, nǚháir shí suì

중국어규칙 및 표현 다지기

1 老+성씨

30대, 40대 이상인 사람들에게 성씨 앞에 '老'자를 붙여 칭할 수 있다. 서로 부담없는 관계일 경우에 사용하며, 직분이 낮은 사람에게도 사용한다.

2 중국인들의 나이 관련 표현은 서방국가와 같이 우리 나이 보다 한 두 살 작다. 우리의 나이는 '虛歲 xū suì'라고 하며, 또한 '몇 년생'이란 표현도 많이 쓰는 편이다.

문장분석

你说的 是 韩国虚岁 吧.

你说的	是	韩国虚岁
주어	be동사	주격보어

대체 및 활용연습

1 你几岁?

nǐ jǐ suì　　너 몇 살이니?

대체

多大?	duō dà	얼마나 큽니까? 몇 살이니?
岁数多大?	suìshù duō dà	나이가 어떻게 되니?
多大年纪?	duō dà niánjì	연세가 어떻게 됩니까?

我二十一岁.

wǒ èr shí yī suì.　　나는 21살이야.

2 你几年生?

nǐ jǐ nián shēng　　너는 몇 년생이니?

我一九九零年生.

wǒ yī jiǔ jiǔ líng nián shēng　　나는 1990년생이야.

3 你属什么?

nǐ shǔ shénme　　당신은 무슨 띠입니까?

我属羊.

wǒ shǔ yáng　　저는 양띠입니다.

대체

猪	zhū	돼지
老虎	lǎohǔ	호랑이
马	mǎ	말
老鼠	lǎoshǔ	쥐
龙	lóng	용

중국말 다지기 녹음11

老赵和老曹是个同事，年龄又一样.
lǎo zhào hé lǎo cáo shì ge tóngshì, niánlíng yòu yíyàng.

他们的朋友老孔已经结婚了，他有一个女儿，
tāmen de péngyǒu lǎo kǒng yǐjīng jiéhūn le, tā yǒu yí ge nǚ'ér,

兩个儿子，
liǎng ge érzi,

这三个小孩儿还很小.
zhè sān ge xiǎoháir hái hěn xiǎo.

但是，老曹还沒结婚，又沒有钱，
dànshì, lǎo cáo hái méi jiéhūn, yòu méiyǒu qián,

是个穷光蛋. 他租了一个小房间，
shì ge qióngguāngdàn. tā zū le yí ge xiǎo fángjiān,

房东很凶. 一点儿都不客气.
fángdōng hěn xiōng. yìdiǎnr dōu bú kèqi

단어

老赵	lǎo zhào	조씨, 라오 자오
老曹	lǎo cáo	조씨, 라오 차오
老孔	lǎo kǒng	공씨, 라오 콩
同事	tóngshì	동료
年龄	niánlíng	연령, 나이
一样	yíyàng	같다
女儿	nǚ'ér	딸
儿子	érzi	아들
小孩儿	xiǎoháir	아이(=(小)孩子 (xiǎo)háizi)
穷光蛋	qióngguāngdàn	가난뱅이
租	zū	세 들다, 세내다
房间	fángjiān	방(=屋子 wūzi), 房屋 fángwū 집(가옥)
房东	fángdōng	집주인
凶	xiōng	사납다
不客气	búkèqi	친절하지 않다, 별말씀을요.

문장분석

1. 是 个 穷 光 蛋. 他 租 了 一 个 小 房 间.

   3 2 1   1 4 3 2

2. 一 点 儿 都 不 客 气.

   1 2 3

   = 也

내 실력체크

듣기 녹음12

1 선택

① 41살　　14살　　② 남자아이　　여자아이

2 O, × 문제

① 라오손의 부인은 일 안 한다.....(　　)

② 라오차오는 가난뱅이이다.......(　　)

대화

1 老孙比老林大几岁?

大 ________________.

2 老曹家的房东怎样?

他 ________________.

번역 및 정답

회화 번역

1. 라오 림! 당신은 올 해 몇 살이며? 결혼은 했어요?
   41살이고 아직 결혼 안 했어, 라오 손아, 당신은 요?
   저는 이미 결혼을 했고, 올 해 46살이에요.
   당신이 말한 나이는 한국 나이죠.
   맞아요, 이렇게 말하자면 저는 당신보다 단지 세 살이 많군요.

2. 라오 손, 당신의 부인은 일을 하세요?
   그녀는 일을 안 하고, 가정주부에요.
   그래요, 그럼 당신은 아이가 몇 명 있어요?
   1남1녀에요, 남자 아이는 7살이고 여자 아이는 10살이에요.

중국말다지기 번역

라오자오와 라오 차오는 동료이며, 나이도 같다.
그들의 친구 라오 콩은 이미 결혼을 해 딸 하나, 아들 둘이 있다.
이 세 아이는 아직 어리다.
그러나, 라오 차오는 아직 결혼을 하지 않았고, 또 돈도 없는
가난뱅이다. 그는 자그마한 방 하나를 얻었는데
집 주인은 매우 사납고 조금도 친절하지 않다.

出社会赚钱，可不容易，要知道父母有多辛苦啊！
chū shèhuì zhuàn qián, kě bù róngyì, yào zhīdào fùmǔ yǒu duō xīnkǔ a
사회에 나가 돈 벌은 것 매우 쉽지가 않다. 부모님께서 얼마나 고생하는지를 알아야 해!

내 실력체크 정답

● 듣기

1. ① 十四岁　　② 女孩儿
2. ① 老孙的爱人工作.　　② 老曹很穷

● 대화

1. 三岁.　　2. 很凶.

메모

간자체 쓰기

한자	병음	필순
结	jié	ㄑ 乡 纟 纟 纡 纤 结 结 结
婚	hūn	ㄑ 女 女 女 妒 妒 婚 婚 婚 婚 婚
孙	sūn	乛 了 子 孑 孙 孙
已	yǐ	ㄱ ㄱ 已
经	jīng	ㄑ 乡 纟 纟 纫 经 经 经
数	shù	丶 丷 䒑 半 米 米 娄 娄 娄 数 数 数 数
错	cuò	丿 ㇒ 𠂉 钅 钅 钅 针 钳 错 错 错 错 错
样	yàng	一 十 才 木 木 杧 栏 栏 栏 样

爱 aì	一 丆 爫 爫 爫 爫 爫 爯 爰 爱
庭 tīng	丶 亠 广 广 庀 庄 庄 庭 庭 庭
主 zhǔ	丶 亠 亠 丰 主
妇 fù	乚 女 女 妇 妇 妇
孩 haí	乛 了 孑 孑 孩 孩 孩 孩 孩
子 zǐ	乛 了 子
男 nán	丨 冂 日 田 田 男 男
女 nǚ	乚 女 女

第四课　妳在家是老二啊!

dì sì kè　nǐ zài jiā shì lǎo èr a!

제 4 과　당신은 집에서 둘째이군요!

형제, 서열, 신혼여행과 한국 날씨

새단어 生词 [shēngcí] 녹음13

- 独生女 dúshēngnǚ 명 외동딸
- 老二 lǎo'èr 둘째(자식 또는 형제간의 서열을 나타내는 표현)
- 女士 nǚshì 명 여사
- 漂亮 piàoliang 형 예쁘다 (=好看, ≠ 丑 chǒu 못생기다)
- 看起来 kànqǐlái 보기에
- 年轻 niánqīng 형 젊다
- 人人 rénrén 명 사람들 (= 每个人 měi ge rén)
- 一般 yìbān 명 부 형 일반, 일반적으로, 일반적이다
- 那样 nàyàng 부 그렇게

제4과 실용회화(实用会话[shíyòng huìhuà]) 녹음14

1

B:小杨，妳有兄弟姐妹吗？
xiǎo yáng, nǐ yǒu xiōngdì jiěmèi ma

D:沒有．我是个独生女．张姐，妳呢？
méiyǒu. wǒ shì ge dúshēngnǚ. zhāng jiě, nǐ ne?

B:有一个哥哥，两个妹妹．
yǒu yí ge gēge, liǎng ge mèimei

D:那妳在家是老二啊！
nà nǐ zài jiā shì lǎo èr a!

B:是啊！
shì a!

2

D：这位女士是谁？
zhè wèi nǚshì shì shéi?

B：是我妈妈.
shì wǒ māma

D：妳妈又漂亮. 看起来又年轻.
nǐ mā yòu piàoliang, kànqǐlái yòu niánqīng.

B：是啊！ 人人一般都那样说.
shì a! rénrén yìbān dōu nàyàng shuō.

중국어규칙 및 표현 다지기

1 '老+ 大 또는 小 또는 숫자'

형제 또는 자식의 서열을 나타내는 표현, 즉 우리말의 '몇째'라는 말은 보통 '老'자 뒤에 '大' 또는 '小' 또는 '숫자'를 붙인다.

老大	lǎodà	맏이
老二	lǎo'èr	둘째
老小	lǎoxiǎo	막내
老几	lǎo jǐ	몇째입니까?

2 '동사 + 起來(qǐlái)'

'起來'는 '일어나다'란 뜻으로, 앞에 ① 감각기관 동사가 오면 '…하기에'란 뜻이 되고, 뒤에 형용사가 함께 수반한다. ② 형용사가 오면 '…하기 시작하다', ③ 일반 동사가 오면 '동작의 완성을 나타냄'

① 看起來	보기에…
听起來	듣기에…
闻起來	(냄새) 맡기에…
吃起來	먹기에…

② 热起來了.　　더워지기 시작하다.

③ 想起來了.　　생각이 났다.

대체 및 활용연습

1 你家有几口人？
nǐ jiā yǒu jǐ kǒu rén?
당신 댁에는 몇 식구가 있습니까?

三口人，爸爸，妈妈和我．我是独生子．
sān kǒu rén, bàba, māma hé wǒ. wǒ shì dúshēngzǐ
3식구고, 아버지, 어머니와 저입니다. 저는 외동아들이에요.

대체
六口人，爷爷，奶奶，爸爸，妈妈，一个姐姐和我．
liù kǒu rén, yéye, nǎinai, bàba, māma yí ge jiějie hé wǒ.
6식구고, 할아버지, 할머니, 아버지, 어머니, 언니(누나) 한 명과 저입니다.

2 你在家是老几？
nǐ zài jiā shì lǎo jǐ 너는 집에서 몇 째니?

老大．
lǎo dà 맏이야.

대체

老二	lǎo'èr	둘째
老小	lǎoxiǎo	막내

3 中国那边天气怎样？
zhōngguó nàbiān tiānqì zěnyàng
중국 그쪽 날씨는 어때?

这边天气渐渐热起来了．
zhè biān tiānqì jiànjiàn rèqǐlái le
여기 날씨는 점점 더워지고 있어.

대체

冷	lěng	춥다
陰	yīn	흐리다

중국말 다지기 녹음15

老孔的三个孩子里，老大功课好，又用功又懂事，
lǎo kǒng de sān ge háizi lǐ, lǎo dà gōngkè hǎo, yòu yònggōng yòu dǒngshì,

老二虽然聪明，可是，念书念得不好．老三很顽皮．
lǎo èr suīrán cōngmíng, kě shì, niàn shū niàn de bù hǎo, lǎo sān hěn wánpí.

老曹今年冬天要结婚了．
lǎo cáo jīnnián dōngtiān yào jiéhūn le.

密约旅行，打算去韩国滑雪．
mìyuē lǚxíng, dǎsuàn qù hánguó huá xuě.

韩国春夏秋冬四季分明，春天暖和，
hánguó chūn xià qīu dōng sìjì fēnmíng, chūntiān nuǎnhuó,

夏天热，秋天凉快，冬天冷．
xiàtiān rè, qīutiān liángkuài, dōngtiān lěng.

단어

功课	gōngkè	공부
用功	yònggōng	(공부를) 열심히 하다
懂事	dǒngshì	철이 나다
虽然	suīrán	비록…하지만
聪明	cōngmíng	총명(하다)
可是	kěshì	그러나
念	niàn	읽다(念书 niàn shū 공부하다, 책을 읽다)
顽皮	wánpí	개구쟁이
打算	dǎsuàn	…할 예정이다
密约旅行	mìyuē lǚxíng	신혼여행
滑雪	huá xuě	스키를 타다
春夏秋冬	chūn xià qīu dōng	춘하추동
四季	sìjì	사계절 (季节 jìjié 계절)
分明	fēnmíng	분명하다, 뚜렷하다
春天(季)	chūntiān(jì)	봄
暖和	nuǎnhuó	따뜻하다
夏天(季)	xiàtiān(jì)	여름
熱	rè	덥다
秋天(季)	qīutiān(jì)	가을
凉快	liángkuài	시원하다
冬天(季)	dōngtiān(jì)	겨울
冷	lěng	춥다

문장분석

정도보어 결구조사

老二 虽然 聪明， 可是， 念书 念(得)不好．

1 2 3

1 2

내 실력체크

듣기 녹음16

1 선택

① 젊다 연세 ② 따뜻하다 시원하다

2 O, × 문제

① 양영의 엄마는 예쁘기도 하고 젊어 보이기도 한다.....(　　)

② 라오차오는 신혼여행을 한국으로 갈 생각이다.......(　)

대화

1 老孔的老大功课怎样 ?

____________________ .

2 韓國天氣怎样?

__________________ .

번역 및 정답

회화 번역

1. 샤오 양, 너는 형제자매가 있니?
   없어요, 저는 외동딸이에요. 장 언니는 요?
   오빠 한 명, 여동생 두 명이 있어.
   그럼 당신은 집에서 둘째이군요!
   맞아
2. 이 여사 분은 누구에요?
   나의 엄마야.
   당신의 어머니는 예쁘기도 하고, 보기에 젊어 보이기도 해요.
   그래, 사람들은 일반적으로 모두 그렇게 말 해.

중국말다지기 번역

라오 콩의 셋 아이 중, 맏이는 공부를 잘 하고, 열심히 하기도 하고 또 철이 들었다.
둘째는 비록 총명하지만, 그러나 공부를 잘 못하며, 셋째는 매우 개구쟁이다.
라오 차오는 올해 겨울에 결혼을 하려고 한다.
신혼여행은 한국에 가서 스키를 탈 예정이다.
한국은 춘하추동 사계절이 분명하며, 봄은 따뜻하고,
여름은 덥고, 가을은 시원하며 겨울은 춥다.

내 실력체크 정답

● 듣기

1. ① 年轻　　② 暖和
2. ① 张小姐的妈妈又好看，又年轻．　　② 老曹打算去韩国密约旅行

● 대화

1. 他功课好．　　2. 春天暖和，夏天热，秋天凉快，冬天冷．

간자체 쓰기

한자	병음
独	dú
漂	piào
亮	liàng
起	qǐ
轻	qīng
般	bān
功	gōng
用	yòng

懂	dǒng
事	shì
虽	suī
然	rán
聪	cōng
明	míng
可	kě
念	niàn
顽	wán

皮	pí	丿 厂 广 皮 皮
算	suàn	ノ 𠂉 𥫗 𥫗 竺 竹 竹 笞 筲 筲 笪 笪 算 算
密	mì	丶 丶 宀 宀 宓 宓 宓 宓 㝥 密 密
约	yuē	𠃋 纟 纟 纟 约 约
旅	lǚ	丶 亠 方 方 方 扩 於 旅 旅 旅
行	xíng	ノ ク 彳 彳 行 行
滑	huá	丶 丶 氵 氵 氵 氵 氵 氵 滑 滑 滑 滑
雪	xuě	一 厂 戸 币 币 雨 雨 雪 雪 雪 雪
春	chūn	一 二 三 夫 夫 春 春 春 春

夏 xià	一 丆 丆 丙 丙 丙 百 頁 夏 夏
秋 qīu	一 二 千 禾 禾 禾 利 秒 秋
冬 dōng	丿 夕 夂 冬 冬
季 jì	一 二 千 禾 禾 季 季 季
暖 nuǎn	丨 冂 日 日 日 日 日 日 旿 旿 旿 暖 暖
热 rè	一 十 扌 扎 执 执 执 执 热 热
凉 liáng	丶 冫 冫 广 广 沪 沪 凉 凉 凉
冷 lěng	丶 冫 冫 冫 冫 冷 冷

第五课　你上网查查.

dì wǔ kè　nǐ shàngwǎng chácha.

제 5 과　인터넷에 접속해서 검색 좀 해봐.

은행(우체국) 업무 및 길 묻기

새단어 生词 [shēngcí] 녹음17

• 工商	gōngshāng	명	공상(공업과 상업)
• 火车站	huǒchēzhàn	명	역
• 附近	fùjìn	명	부근
• 韩币	hánbì	명	한화, 한국 화폐
• 填写	tián xiě	동	써넣다
• 申请表	shēnqǐngbiǎo	명	신청서
• 需要	xūyào	동	필요하다
• 护照	hùzhào	명	여권
• 印章	yìnzhāng	명	도장
• 输入	shūrù	동	입력하다
• 密码	mìmǎ	명	비밀 번호

제5과 실용회화(实用会话[shíyòng huìhuà]) 녹음18

1

C：中国工商银行在哪儿？
zhōngguó gōngshāng yínghāng zài nǎr?

A：在火车站附近．有什么事？
zài huǒchēzhàn fùjìn. yǒu shénme shì(r)?

C：想换钱．你知道最近汇率是多少吗？
xiǎng huàn qián. nǐ zhīdào zuìjìn huìlǜ shì duōshao ma?

A：不清楚，你可以上网查查，
bù qīngchu, nǐ kěyǐ shàng wǎng chácha

不，一会儿我就去查．
bù, yíhuìr wǒ jiù qù chá.

2 在銀行(zài yínháng)

D：美金換韩币. 汇率是…
měi jīn huàn hánbì. huìlǜ shì…

L：1比1,100, 换多少钱?
yī bǐ yì qiān yì bǎi, huàn duōshao qián?

D：二百五十美元.
èr bǎi wǔ shí měiyuán

L：给你钱, 一共是二十二万韩币.
gěi nǐ qián, yígòng shì èr shi èr wàn hánbì.

D：我还要开账戶.
wǒ hái yào kāi zhànghù.

L：请填写申请表. 还需要护照和印章.
qǐng tián xiě shēnqǐngbiǎo. hái xūyào hùzhào hé yìnzhāng.

....

L：请输入密码.
qǐng shūrù mìmǎ.

중국어규칙 및 표현 다지기

1 '知道'와 '清楚'의 사용

'清楚'는 원래 형용사로 '뚜렷하다'의 뜻이지만, 또 '알다'의 표현으로 '知道'와 같이 쓰이기도 하는데, '知道'는 자동사·타동사 모두 가능하지만 '清楚'는 타동사로는 사용할 수 없다.

주어 + 동사 + 목적어

你 知道(≠清楚) 王校长 吗?
nǐ zhīdào(≠qīngchǔ) wáng xiàozhǎng ma
당신은 왕 교장 선생님을 아십니까?

> 校长 xiàozhǎng 교장(중국에서는 대학 총장에 대한 호칭으로도 사용)

2 동사의 중첩

동사의 중첩은 우리말의 '좀…하다'란 표현이며, 보통 글자 하나로 이룬 동사에 사용된다. '동사+동사' 뒤에 '보다'란 '看'자를 붙여 '좀…해 보자'란 뜻이 된다.

동사+동사 = 동사 + 一 + 동사 = 동사 + 一下

逛逛 = 逛 一 逛 = 逛 一 下
guàngguang guàngyíguàng guàng yíxià
좀 구경하다.

> 逛 guàng 구경하다

동사 + 동사 + 看

逛 逛 看
guàngguangkàn
좀 구경해 보자.

대체 및 활용연습

1 邮局在哪儿？

yóujú zài nǎr?

우체국은 어디에 있나요?

대체

书店	shūdiàn	서점
文具店	wénjùdiàn	문구점
教学楼	jiàoxuélóu	강의동
办公楼	bàngōnglóu	사무건물 = 写字楼 xiězìlóu
办公室	bàngōngshì	사무실
活动中心	huódòng zhōngxīn	생활센터(活动 활동, 행사)
行政大楼	xíngzhèng dàlóu	본관, 행정 건물
火车站	huǒchēzhàn	역
挂号处	guàhàochù	접수처, 등기하는 곳
卫生间	wèishēngjiān	화장실 = 洗手间 xǐshǒujiān(대만)

就在前面.

jiù zài qiánmiàn

前面 qiánmiàn 앞, 전면

2 这个商场里头有小吃店吗？

zhè ge shāngchǎng lǐtóu yǒu xiǎochīdiàn ma

小吃店 xiǎochīdiàn

대체

小卖部	xiǎomàibù	매점, 편의점
超市	chāoshì	마트

有，附近的市场也有的是.
yǒu, fùjìn de shìchǎng yě yǒudeshì

市场 shìchǎng 시장(재래시장)
有的是 yǒudeshì 많이 있다

3 请问，在哪儿换钱?
qǐng wèn, zài nǎr huàn qián

대체 買票(piào) 표를 구매하다, 门票 입장권

机场或是银行
jīchǎng huòshì yínxíng.

机场 jīchǎng 공항
或是 huòshì 혹은

대체
卖票处 màipiàochù 매표소
网站 wǎngzhàn 인터넷

4 存折里有多少钱?
cúnzhé lǐ yǒu duōshǎo qián
통장 안에는 얼마 있니?

存折 cúnzhé 예금통장

两千美元和一万人民币.
liǎng qiān měiyuán hé yí wàn rénmínbì
2,000달러와 1만 인민폐.

대체
只有韩币五千块钱.
zhǐ yǒu hánbì wǔ qiān kuài qián
단지 한화 5천원만 있다.

중국말 다지기 녹음19

我带的是人民币，明天要去银行换钱.
wǒ dài de shì rénmínbì, míngtiān yào qù yínháng huàn qián.

还要开账戶. 把钱存在里头.
hái yào kāi zhànghù. bǎ qián cún zài lǐtóu.

还有，还要去邮局寄包裹到中国.
hái yǒu, hái yào qù yóujú jì bāogǔo dào zhōngguó.

我想：这个包裹还是寄挂号比较安全.
wǒ xiǎng: zhè ge bāogǔo háishì jì guàhàode bǐjiào ānquán.

张姐，明天妳有空的话，
zhāng jiě, míngtiān nǐ yǒu kòng de huà,

陪我去，好吗?
péi wǒ qù. hǎo ma?

단어

寄	jì	부치다
包裹	bāoguǒ	소포
想	xiǎng	생각하다, 생각컨대
安全	ānquán	안전(하다)
的话	de huà	만일…한다면
陪	péi	동반하다, 함께…를 해주다

보충단어

信	xìn	편지, 믿다
平信	píngxìn	보통우편
挂号信	guàhàoxìn	등기우편
快递	kuàidì	빠른
邮费	yóufèi	우표요금
国内	guónèi	국내
国外	guówài	국외

문장분석

1. 我带的是人民币，明天要去银行换钱.

我带的	是	人民币	明天	要	去	银行	换	钱
주어	be 동사	주격보어	시간부사	능동사	동사	목적어	동사	목적어
1	3	2	1	4	2		3	

2. 还要去/邮局寄/包裹到中国.

还	要	去邮局	寄包裹	到中国
1	5	2	4	3

'把' 자문

우리말의 어순과 같이 동사가 목적어 뒤에 올 때, 목적어 앞에 전치사 '把'자를 쓰며, '把'자는 '…를'로 번역된다. 목적어가 2개의 사물로 이루어지는 경우, 반드시 '把'자문을 써야 한다.

주 어 + 능동사 + 동 사 + 목적어

妈妈		做好了	晚餐.
māma		zuò hǎo le	wǎncān

어머님은 저녁식사를 다 만들었다.

주 어 + 능동사 + 把 + 목적어 + 동 사

妈妈		把	晚餐	做好了

* 把钱存在銀行了. 돈을 은행에 저축했다.

bǎ qián cún zài yínháng le

내 실력체크

듣기 녹음20

1 선택

① 은행　　우체국　　　　② 환전하다　　편지를 부치다

2 O, × 문제

① 중국은행은 역 부근에 있다.....(　　)　　② 250달러를 바꿉니다.......(　　)

대화

1 开账户需要什么?

需要 ______________ .

2 挂号比较怎样?

比较______________.

번역 및 정답

회화 번역

1. 중국공상은행은 어디에 있어요?
   역 부근에 있어요. 무슨 일 있어요?
   환전을 하고 싶은데, 당신은 최근 환율이 어떻게 되는지 아세요?
   몰라요, 당신은 인터넷에 접속해서 검색할 수 있어요? 아니요, 잠시 후 제가 바로 검색할게요.
2. (은행에서)
   달러를 한화로 환전합니다. 환율은...
   1;1,100입니다. 얼마를 바꿉니까?
   250달러에요.
   돈 여기 있어요. 합계 220,000한화입니다.
   저는 또 계좌를 개설하려고 해요.
   신청서를 채우시고, 또 여권과 도장이 필요합니다.
   비밀번호를 입력하세요.

중국말다지기 번역

제가 지닌 것은 인민폐라, 내일 은행에 가서 환전을 해야 하고
또 계좌를 개설해서 돈을 안에 저축해야 해요.
또 있어요, 또 우체국에 가서 중국으로 소포를 부쳐야 해요.
저 생각에는 이 소포는 그래도 등기로 부치는 것이 비교적 안전해요.
장 언니, 내일 시간 있으시면.
저 따라 가는 것 어때요?

내 실력체크 정답

● 듣기

1. ① 银行　　② 寄信
2. ① 中国银行在学校附近　　② 换650美元

● 대화

1. 印章，护照，申请表.　　2. 安全

간자체 쓰기

工	gōng
商	shāng
火	huǒ
站	zhàn
附	fù
近	jìn
填	tián
写	xiě

申 shēn	丨 冂 日 日 申
请 qǐng	丶 讠 讠 讠 讠 诗 诗 请 请 请
表 biǎo	一 二 三 丰 丰 考 表 表
需 xū	一 广 广 币 币 币 雨 雨 雨 雨 雫 雫 需 需
要 yào	一 厂 冂 襾 襾 襾 要 要 要
护 hù	一 扌 扌 扌 护 护 护
照 zhào	丨 日 日 日 日 日 昭 昭 昭 照 照 照 照
印 yìn	丿 ⺁ 卩 E 印 印
章 zhāng	丶 亠 亠 立 立 产 产 音 音 音 章

한자	병음	필순
输	shū	一 𠂇 车 车 轩 轮 轮 轮 输 输 输 输 输
入	rù	丿 入
码	mǎ	一 丆 不 石 石 矿 码 码
寄	jì	
包	bāo	丶 丶 宀 宀 宀 宀 宀 宇 宝 害 寄
裹	guǒ	丿 勹 勺 句 包
安	ān	丶 亠 亠 亡 亩 亩 亩 亩 車 車 裹 裹 裹 裹
全	quán	丿 人 亼 全 全 全
话	huà	丶 讠 讠 讠 讠 讠 话 话

陪 péi	㇇ ㇋ 阝 阝' 阝亠 阝立 陪
信 xìn	丿 亻 亻' 亻亠 亻言 信
平 píng	一 丷 亚 平
挂 guà	一 扌 扌土 挂
递 dì	丶 丷 弟 递
费 fèi	乛 弓 弗 费

第六课　我生病了.

dì liù kè　wǒ shēngbìng le

제 6 과　나는 병이 났다.

병원, 운동과 전화번호 묻기

새단어 生词 [shēngcí] 녹음21

• 生病	shēngbìng	동	병이 나다. 病 : 병, 病了 병이 나다.
• 头	tóu	명	머리
• 疼	téng	형 동	아프다(痛 tòng), 마음 아파하다(爱 ài 사랑하다)
• 刚	gāng	부	막, 방금 = 刚刚 = 刚才(cái)
• 睡	shuì	동	(잠을) 자다
• 醒	xǐng	동	깨어나다
• 保重	bǎozhòng		건강하세요. 몸을 잘 돌보세요.
• 身体	shēntǐ	명	신체, 몸
• 怎样	zěnyàng		어떻게, 어떠합니까?
• 些	xiē	양	약간, 조금, 복수를 나타냄
• 高尔夫球	gāo'ěrfūqiú	명	골프
• 一起	yìqǐ	부	함께, 같이
• 不错	búcuò		틀리지 않다, 괜찮은 편이다
• 瑜珈	yújiā	명	요가
• 借	jiè	동	빌리다
• 用	yòng	동	사용하다
• 被	bèi	피동	피동을 나타낼 때 사용되는 전치사
• 弄	nòng	동	(…를) 하다
• 坏	huài	형 동	나쁘다, (음식이) 상하다, 고장나다

제6과 실용회화(实用会话[shíyòng huìhuà]) 녹음22

1

C：孙先生，你在公司吗？
sūn xiānshēng, nǐ zài gōngsī ma?

A：不，我生病了，现在在家呢．
bù, wǒ shēngbìng le, xiànzài zài jiā ne.

C：是吗？哪儿不舒服？
shì ma? nǎr bù shūfu?

A：我头疼．刚睡醒．有什么事？
wǒ tóu téng. gāng shuì xǐng. yǒu shénme shì(r)?

C：我想知道张小姐的电话号(码)？
wǒ xiǎng zhīdào zhāng xiǎojiě de diànhuà hào(mǎ)?

A：她家里没有电话，手机是0105968347．
tā jiā lǐ méiyǒu diànhuà, shǒujī shì líng yāo líng wǔ jiǔ liù bā sān sì qī.

C：谢谢．多保重！
xièxie. duō bǎozhòng!

2

C：你身体怎样？好多了吗？
nǐ shēntǐ zěnyàng? hǎo duō le ma?

A：好了些．有事，你说吧．
hǎo le xiē. yǒu shì, nǐ shuō ba.

C：我想学高你夫球．你要不要一起学？
wǒ xiǎng xué gāo'ěrfūqiú. nǐ yào bu yào yìqǐ xué?

A：不错．可是，我还想学瑜珈呢．
búcuò. kěshì wǒ hái xiǎng xué yújiā ne.

对！你的手机借我用用，我的被儿子弄坏了．
duì! nǐ de shǒujī jiè wǒ yòngyong, wǒ de bèi érzi nòng huài ie.

중국어규칙 및 표현 다지기

1 些

원래의 어휘는 '一些 yìxiē'이며, 조금, 약간의 뜻과 복수를 나타낸다. '一些' 앞에 어떤 말이 올 경우, '一'자를 생략해서 많이 쓴다.

一些人　　사람들, 약간의 사람들
这(一)些人　　이 사람들
有(一)些人　　약간의 사람들, 어떤 이들, 약간의 사람들이 있다.

2 '被' 자문

목적어가 주어 앞에 올 경우, 주체에 의해 동작이 이루어지므로 주어 앞에 피동를 나타내는 전치사 '被'자를 붙여야 한다. 또한 모 주체가 구체적으로 명시된 대상이 아닐 경우, 동사 앞에 '被'를 붙이면 된다.

苹果被(我)吃光了.
píngguǒ bèi (wǒ) chī guāng le　　사과는 (내가) 다 먹었다.
=我吃光了苹果.　　나는 사과를 다 먹었다.

3 '弄' 자의 사용

'弄'은 '하다' '做 zuò' 또는 '干 gàn'의 뜻으로도 사용되고, 또 동사의 구체적 설명이 필요하지 않을 경우, '弄'을 사용한다.

我來弄.　　(=做 또는 干)
wǒ lái nòng　　제가 합니다.

弄个板凳來坐吧. (≠做 또는 干)
nòng ge bǎndèng lái zuò ba　　나무의자를 가져와 앉으시죠.

대체 및 활용연습

1 明天我打电话给你，你的电话号(码)是多少？
míngtiān wǒ dǎ diànhuà gěi nǐ, nǐ de diànhuà hào(mǎ) shì duōshǎo
내일 제가 당신에게 전화를 걸겠습니다. 당신의 전화번호는 몇 번입니까?

1398761245.
yāo sān jiǔ bā qī liù yāo èr sì wǔ

> 打 dǎ ① (전화를) 걸다
> ② 하다(손으로 하는 운동)

2 你喜欢什么运动？
nǐ xǐhuān shénme yùndòng
너는 무슨 운동을 좋아하니?

我喜欢打排球.
wǒ xǐhuān dǎ páiqiú
나는 배구치는 것을 좋아해.

> 喜歡 xǐhuān 좋아하다 = 爱 ài

대체

羽毛球	yǔmáoqiú	베드민트
乒乓球	pīngpāngqiú	탁구
网球	wǎngqiú	테니스
踢足球	tī zúqiú	축구를 차다

3 你爱我吗？
nǐ ài wǒ ma 당신은 저를 사랑합니까?

我爱你.
wǒ ài nǐ 저는 당신을 사랑합니다.

> 爱 ài 사랑하다

4 你哪儿不舒服？

nǐ nǎr bù shūfu?

너 어디가 불편하니?

我头痛.

wǒ tóu tòng

나는 머리가 아파.

대체

眼睛	yǎnjīng	눈/	鼻子	bízi	코/	嘴(巴)	zuǐ(bā)	입/
耳朵	ěrduo	귀/	脖子	bózi	목/	肩膀	jiānbǎng	어깨/
胳臂	gébèi	팔/	手	shǒu	손/	腰	yāo	허리/
腿	tuǐ	다리/	脚	jiǎo	발/	胃	wèi	위/
心脏	xīnzàng/		肺	fèi	폐			

5 这个房间，谁弄得这样乱七八糟的？

zhè ge fángjiān, shéi nòng de zhèyàng luànqībāzāo de

이 방은 누가 이렇게 어지럽힌 것이니?

这个房间是被孩子弄得乱七八糟的.

zhè ge fángjiān shì bèi háizi nòng de luànqībāzāo de

이 방은 아이가 어지럽힌 것이다.

중국말 다지기 녹음23

昨晚我身体有点儿不舒服，头痛，发烧，全身酸痛.
zuówǎn wǒ shēntǐ yǒudiǎnr bù shūfú, tóutòng, fāshāo, quánshēn suāntòng.

今儿一大早，去了医院. 医院病人很多，
jīnr yídàzǎo, qù le yīyuàn, yīyuàn bìngrén hěn duō,

我到挂号处挂了号，等了好久，
wǒ dào guàhàochù guà le hào, děng le hǎojiǔ,

才轮到我看病. 医生用听诊器听了听说：
cái lún dào wǒ kàn bìng. yīshēng yòng tīngzhěnqì tīng le tīng shuō:

我着凉了. 叫我多喝水，多休息. 还打了一针.
wǒ zhaóliáng le. jiào wǒ duō hēshuǐ, duō xiūxi. hái dǎ le yì zhēn.

为了健康，我要运动. 尽量少开车，多走路，
wèi le jiànkāng, wǒ yào yùndòng. jìnliàng shǎo kāichē, duō zǒulù,

多骑自行车. 多爬山. 反正，多锻炼身体.
duō qí zìxíngchē. duō páshān. fǎnzhèng, duō duànliàn shēntǐ.

단어

昨晚	zuówǎn	어제 저녁(昨天 晚上)
发烧	fāshāo	열이 나다
全身	quánshēn	전신, 온몸
酸痛	suāntòng	쑤시고 아프다
今儿	jīnr	오늘(今天)
一(大)早	yí(dà)zǎo	이른 아침
病人	bìngrén	환자
挂号处	guàhàochù	접수처
挂	guà	접수하다
好	hǎo	좋다, 좋은, 매우(=很)
才	cái	비로소, 겨우
轮	lún	차례가 되다
听诊器	tīngzhěnqì	청진기
听	tīng	듣다
着凉	zhaóliáng	감기 들다
叫	jiào	부르다, 이름이 …이다, …로 하여금
打针	dǎ zhēn	주사를 놓다, 주사를 맞다
为了	wèi le	…를 위하여
健康	jiànkāng	건강
运动	yùndòng	운동(하다)
尽量	jìnliàng	될 수 있는 한
少	shǎo	적다, 적게 하다
开车	kāichē	운전하다
走路	zǒulù	길을 걷다
骑	qí	타다(말, 자전거, 오토바이 등)
爬山	páshān	등산하다(=登山)
反正	fǎnzhèng	어쨌든
锻炼	duànliàn	단련(하다)

문장분석

긴박감　　긴박감

1. 我 到 挂号处 挂(了)号， 等(了)好久，

주어 동사 목적어 동사 목적어 동사 수사

첫 동작　　두번째 동작

才 轮到 我看病.

부사 동사 목적어

2. 医生 用 听诊器 听了听 说

주어 동사 목적어 동사 동사

첫 동작

설명

1. 과거시제 '了'자가 동사 뒤에 오면, 강조 또는 두 동작의 긴박을 나타낸다.

2. '听了听'은 '듣고 또 듣다'의 뜻으로, 이러한 표현은 감각기관 동사에 많이 사용된다.

내 실력체크

듣기 녹음24

1 선택

① 감기 들다　　잠에서 깨어나다　　　② 요가　　수영

2 O, × 문제

① 0105968347　0105698347.....(　　)

② 손센썬은 회사에 없다........(　)

대화

1 感冒，哪儿不舒服？

________________.

2 你喜欢运动吗？

________________.

번역 및 정답

회화 번역

1. 미스터 손, 당신은 회사에 계세요?
 아니요, 제가 아파 지금 집에 있어요.
 그래요, 어디가 불편하세요?
 머리가 아파요, 자다 막 일어났는데, 무슨 일 있어요?
 미스 장의 전화번호를 알고 싶어서요.
 그녀 집에는 전화가 없고, 폰은 01059683470이에요.
 고마워요. 몸을 살피세요.
2. 당신 몸은 어때요? 많이 좋아졌나요?
 약간 나았어요. 일이 있으면 말씀하세요.
 저는 골프를 배우고 싶은데, 함께 배울래요?
 괜찮죠. 그러나 저는 또 요가를 배우고 싶어요.
 참! 당신의 폰을 좀 빌려 씁시다. 내 것은 아이가 고장을 냈어요.

중국말다지기 번역

어제 저녁 나는 몸이 좀 불편하고, 머리가 아프고, 열이 나고, 온 몸이 쑤시고 아파, 오늘 아침이 되자 병원에 갔다. 병원에는 환자가 아주 많았고, 나는 접수처에 가서 접수를 하고 한 참 기다려서야 비로소 내 차례가 되었다. 의사선생님은 청진기로 듣고 또 들은 후에 말했다. 나는 감기가 들었고, 나더러 물을 많이 마시고 많이 쉬라고 했다. 또 주사 한 대를 맞았다. 건강을 위하여, 나는 운동을 하고, 될 수 있는 한 운전을 자제하고, 많이 걷고, 자전거를 많이 타고, 등산을 많이 해야 한다. 어쨌든 몸을 많이 단련해야 한다.

내 실력체크 정답

● 듣기

1. ① 感冒　　② 瑜珈
2. ① 0105698347　　② 孫先生在公司.

● 대화

1. 头痛，发烧，全身酸痛　　2. 喜欢蓝球和排球

간자체 쓰기

한자	병음	필순
病	bìng	丶 亠 广 广 疒 疒 疒 病 病 病
头	tóu	丶 丶 ⺀ 头 头
疼	téng	丶 亠 广 广 疒 疒 疒 疼 疼 疼
痛	tòng	丶 亠 广 广 疒 疒 疒 疒 疒 痛 痛 痛
爱	ài	一 ⺈ ⺤ 爫 爫 爫 爫 爱 爱
刚	gāng	丨 冂 冂 冈 冈 刚
才	caí	一 十 才
睡	shuì	丨 冂 月 月 目 目 盰 盰 盰 睡 睡 睡 睡

한자	병음	필순
醒	xǐng	一 丆 亓 丙 两 西 酉 酉 酉 酊 酊 酊 酊 酲 醒 醒
保	bǎo	丿 亻 亻 亻 伃 伃 伃 保 保
重	zhòng	一 二 千 斤 肓 旨 重 重 重
些	xiē	丨 卜 IF 止 此 此 些 些
高	gāo	丶 亠 亠 亠 产 高 高 高 高
尔	ěr	丿 𠂊 尔 尔 尔
夫	fū	一 二 夫 夫
球	qiú	一 二 干 王 王 玎 玎 球 球 球
起	qǐ	一 十 土 丰 丰 走 走 起 起 起

한자	병음	필순
错	cuò	丿 𠂉 𠂉 ⺧ 钅 钅 钅 钅 钅 钅 错 错 错
瑜	yú	一 二 干 王 玎 玠 玠 玠 瑜 瑜 瑜 瑜 瑜
珈	jiā	一 二 干 王 玎 功 功 珈 珈
借	jiè	丿 亻 仁 仕 仕 借 借 借 借 借
用	yòng	丿 冂 月 月 用
被	bèi	丶 ㇇ 礻 礻 衤 衤 衤 衤 被 被
弄	nòng	一 二 干 王 王 弄 弄
坏	huài	一 十 土 圹 坏 坏 坏
烧	shāo	丶 丷 火 火 灯 炏 烧 烧 烧 烧

酸 suān	一 丅 万 丙 两 西 酉 酉 酢 酢 酢 酢 酸 酸
处 chù	丿 夕 夂 处 处
轮 lún	一 𠂉 车 车 轮 轮 轮 轮
针 zhēn	丿 𠂉 𠂉 𠂉 钅 针 针
运 yùn	一 二 云 云 运 运 运
动 dòng	一 二 云 云 动 动
尽 jìn	乛 コ 尸 尺 尽 尽
量 liàng	丨 冂 日 日 旦 昌 昌 昌 昌 昌 量 量
走 zǒu	一 十 土 丰 丰 走 走

한자	병음	필순
路	lù	丨 冂 口 ⺊ 早 ⻊ 𧾷 𧾷 跁 路 路 路 路
爬	pá	丿 厂 𠂆 爪 爬 爬 爬 爬
反	fǎn	一 厂 𠂆 反
正	zhèng	一 丅 下 𤴓 正
锻	duàn	丿 𠂉 𠂉 钅 钅 钅 钅 钅 锻 锻 锻 锻 锻 锻
炼	liàn	丶 丷 火 火 炼 炼 炼 炼 炼

第七课　拿手菜是什么?

dì qī kè　　náshǒucài shì shénme?

제 7 과　　솜씨 있는 요리는 무엇입니까?

음식

새단어 生词 [shēngcí] 녹음25

• 听说	tīngshuō		듣자니, 듣건대
• 男人	nánrén	명	남자
• 炒	chǎo	동	볶다, 볶은
• 菜	cài	명	요리, 반찬
• 拿手菜	náshǒucài	명	가장 솜씨 있는 요리
• 只要	zhǐyào	부	단지…한다면
• 牛肉面	niúròumiàn	명	소고기면(牛肉 niúròu 소고기, 面 miàn 면, 국수)
• 碗	wǎn	명 양	그릇
• 刀削面	dāoxiāomiàn	명	우리의 칼국수 같은 면(刀 dāo 칼)
• 萝蔔	luóbó	명	무(채소)
• 咸	xián	형	짜다, 짠
• 用	yòng	동	먹다, 마시다, 사용하다
• 解账	jiě zhàng	동	계산하다
• 让	ràng	사동	…로 하여금
• 破费	pòfèi	동	돈을 쓰게 하다
• 不好意思	bùhǎoyìsi	형	미안해하다, 부끄럽다

제7과 실용회화(实用会话[shíyòng huìhuà]) 녹음26

1

B : 听说中国男人喜欢炒菜.
tīngshuō zhōngguó nánrén xǐhuān chǎocài.

C : 是啊!
shì a!

B : 你的拿手菜是什么?
nǐ de náshǒucài shì shénme?

C : 我啊! 只要是炒的, 什么都是.
wǒ a! zhǐyào shì chǎo de, shénme dōu shì.

2

E：欢迎光临！请里面坐。
huānyíng guānglín! qǐng lǐmiàn zuò.

菜单在这儿。请慢慢点吧。
càidān zài zhèr. qǐng mànman diǎn ba

……………………

你们要点儿什么？
nǐmen yào diǎnr shénme?

C：我来一碗牛肉面。
wǒ lái yì wǎn niúròumiàn.

A：我要一碗刀削面和萝卜咸菜。喝点儿啤酒吗？
wǒ yào yì wǎn dāoxiāomiàn hé luóbó xiáncài. hē diǎnr píjiǔ ma

C：好，来一瓶啤酒。
hǎo, lái yì píng píjiǔ.

E：请慢慢用.
qǐng mànman yòng

....

为我们的友谊健康干杯!
wèi wǒmen de yǒuyì jiànkāng gānbēi!

....

A：来，我来解账吧. 今天我请客.
lái, wǒ lái jiě zhàng ba. jīntiān wǒ qǐngkè.

C：让你破费，真不好意思啊.
ràng nǐ pòfèi, zhēn bùhǎoyìsi a

중국어규칙 및 표현 다지기

1 '什么都是'는 '무엇이든 모두 이다(그렇다)'는 표현으로, 여기에서의 '什么'는 단지 단어 '무엇'이란 뜻으로만 사용되었고, 뒤의 문맥에 따라 우리말 '…이든'의 표현을 더 나타내게 된다.

2 음식주문을 하고 받을 때의 동사로 '要' · '來' · '点'을 쓰고, 물건을 사고 팔 때의 동사로는 要 · 來를 쓴다.

3 "來, 我來解账吧."에서 '來'는 '자'란 표현으로 사용되고 "我來解账吧." 중의 '來'는 방향동사로 사용되어 '와서'란 표현으로 사용 된다.

대체 및 활용연습

1 你喝什么? 咖啡还是茶?
nǐ hē shénme? kāfēi háishì chá
너 뭐 마실래? 커피니 아니면 차니?

我喝绿茶.
wǒ hē lǜchá.
나는 녹차를 마실래.

대체

红茶	hóngchá	홍차
饮料	yǐnliào	음료
可口可乐	kěkǒu kělè	코카콜라
豆浆	dòujiāng	콩국

2 这道菜味道怎样?
zhè dào cài wèidào zěnyàng
이 요리의 맛은 어떠하니?

又辣又油腻.
yòu là yòu yóunì
맵기도 하고 느끼하기도 해.

> 道 dào 요리의 양사, 길(人道 인도 车道 차도)
> 味道 wèidào 맛
> 辣 là 맵다, 매운

> 油腻 yóunì 느끼하다, 느끼한, 기름지다, 기름진

대체

酸	suān	새콤하다, 새콤한
甛	tián	달다, 단
香	xīang	향기롭다, 향기로운
苦	kǔ	쓰다, 쓴

3 你喜欢吃韩国的什么饭?
nǐ xǐhuān chī hánguó de shénme fàn
너는 한국의 어떤 밥을 먹기 좋아하니?

我爱吃小菜饭.
wǒ ài chī xiǎocàifàn.
나는 정식을 먹기 좋아해.

小菜饭 xiǎocàifàn 정식

대체

蔘鸡汤	shēnjītāng	삼계탕
烤肉	kǎoròu	고기구이
拌饭	bànfàn	비빔밥
紫菜饭	zǐcàifàn	김밥
猪肉汤饭	zhūròu tāngfàn	돼지국밥
方便面	fāngbiànmiàn	컵라면
拉面	lāmiàn	라면
米糕	mǐgāo	쌀떡

4 饭好了. 快来吃饭.
fàn hǎo le. kuài lái chī fàn.
밥이 다 되었으니 빨리 와서 드세요.

趁热吃, 别客气, 请多用.
chèn rè chī, bié kèqi, qǐng duō yòng
따뜻할 때 드세요. 겸손해 하지 말고 많이 드세요.

趁 chèn …를 틈타서
热 rè 따뜻하다

5 大家肚子都饿了, 今天我请客, 想吃什么, 点什么?
dàjiā dùzi dōu è le, jīntiān wǒ qǐngkè, xiǎng chī shénme, diǎn shénme
모두들 배가 고프지. 오늘 내가 한 턱 낼테니 먹고 싶은 것 주문해.

快饿死了. 我们快点菜吧.
kuài è sǐ le. wǒmen kuài diǎn cài ba.
곧 배고파 죽겠어. 우리 빨리 주문하자.

大家	dàjiā	여러분
肚子	dùzi	배
饿	è	고프다
死	sǐ	죽다

'快(kuài 빠르다, 빨리…)'는 또 '곧 …'의 뜻으로 '就要(jiùyào)…'·'要…'·'快要(kuàiyào)…' 등과 같은 표현으로 사용되며, 문미에 '了'자를 붙여야 한다.

중국말 다지기 녹음27

中国超市卖的辛拉面不是进口的，是中国制的.
zhōngguó chāoshì mài de xīnlāmiàn bú shì jìnkǒu de, shì zhōngguó zhì de.

味道不如韩国的好吃.可是，
wèidào bù rú hánguóde hǎochī. kěshì

留学生又想尝尝是什么味道，
liúxuésheng yòu xiǎng chángchang shì shénme wèidào,

所以，也就买几个来尝尝. 在中国时，晚上肚子饿了，
suǒyǐ, yě jiù mǎi jǐ ge lái chángchang. zài zhōngguó shí, wǎnshang dùzi è le,

常常到夜市的摊子里吃宵夜. 顺便喝杯酒.
chángchang dào yèshì de tānzi lǐ chī xiāoyè. shùnbiàn hē bēi jiǔ.

还吃吃臭豆腐. 我喜欢吃臭豆腐，臭豆腐闻起来臭，
hái chīchi chòudòufu. wǒ xǐhuān chī chòudòufu. chòudòufu wénqǐlái xiù

吃起来香香的. 在中国吃盒饭也非常方便.
chīqǐlái xiāngxiāng de. zài zhōngguó chī héfàn yě fēicháng fāngbiàn

단어

辛拉面	xīnlāmiàn	신라면
进口	jìnkǒu	수입(하다) ≠出口 chūkǒu 수출(하다)
制	zhì	제조하다
不如…	bù rú	…보다 못하다
尝	cháng	맛보다
常常	chángchang	종종
夜市	yèshì	야시장
摊子	tānzi	노점
宵夜	xiāoyè	야찬
闻	wén	냄새를 맡다
臭	chòu	구리다
盒饭	héfàn	도시락(便当 biàndāng)
非常	fēicháng	매우, 비상
方便	fāngbiàn	편리하다
臭豆腐	chòudòufu	썩은 두부(두부조각을 소금에 절여 발효시킨 후, 독 속에 넣고 석회로 봉해 만든 두부음식.)

문장분석

1. 中国超市卖的辛拉面不是进口的.

中国超市卖的 → 辛拉面: 주어 / 不是: be 동사 / 进口的: 주격보어

2. 留学生又想尝尝是什么味道,

留学生: 주어 (1) / 又: 부사 (2) / 想: 능동사 (5) / 尝尝: 동사 (4) / 是什么味道: 목적어 (3)

3. 在中国吃盒饭也非常方便.

在中国: 장소부사 / 吃: 동사 / 盒饭: 목적어 (在中国吃盒饭: 주어 (1)) / 也: 부사 (2) / 非常: 부사 (3) / 方便: 형용사 (4)

내 실력체크

듣기 녹음28

1 선택

① 칼국수　　소고기면　　　　② 야식　　　술을 마시다

2 O, × 문제

① 나는 비빔밥을 좋아한다 .....(　　)
② 오늘 네가 한턱 내라.......(　)

대화

1 你的拿手菜是什么?

是＿＿＿＿＿＿＿＿.

煮 zhǔ 삶다, 끓이다

2 你要什么?

我要＿＿＿＿＿＿＿＿.

杯 bēi 컵, 잔
块 kuài 조각, 덩어리

번역 및 정답

회화 번역

1. 듣자니 중국 남자들은 요리하는 것을 좋아한다던데요.
   그래요.
   당신의 솜씨 있는 요리는 무엇이죠?
   나는 다만 볶는 것은 무엇이든 모두 잘 해요.

2. 왕림에 환영합니다! 안에 앉으세요.
   메뉴판은 여기에 있습니다. 천천히 주문하세요.
   당신들 뭐를 좀 드릴가요?
   저는 소고기면 한 그릇을 주세요.
   저는 칼국수 한 그릇과 짠무 밑반찬을 주세요. 맥주 좀 마실래요?
   좋아요. 맥주 한 병 주세요.
   천천히 드세요.
   ....
   우리들의 우정과 건강을 위하여 건배!
   ....
   자, 제가 계산하죠. 오늘 제가 한턱 냅니다.
   돈 쓰게 해서 정말 미안해요.

중국말다지기 번역

중국의 마트에서 파는 신라면은 수입된 것이 아니라, 중국에서 만든 것이다.
맛은 한국 것보다 맛있지는 않으나, 유학생들은 또 무슨 맛인지 맛보고 싶어 한다.
그래서 또 몇 개 사다 맛을 좀 본다.
중국에 있을 때. 밤에 배가 고프면 종종 야시장 노점에 가서 야찬을 먹는다.
간 김에 술을 한 잔 마시고, 또 쳐우더우푸를 좀 먹는다. 나는 쳐우더우푸 먹는 것을 좋아한다.

처우더우푸는 냄새를 맡으면 구리지만, 먹기에는 아주 향기롭다. 중국에서는 도시락 먹는 것도 아주 편리하다.

내 실력체크 정답

● 듣기

1. ① 牛肉面　　② 喝酒
2. ① 我喜欢拌饭　　② 今天你请客吧.

● 대화

1. 煮拉面　　2. 一杯咖啡和一块蛋糕

간자체 쓰기

炒	chǎo
拿	ná
牛	niú
肉	ròu
面	miàn
碗	wǎn
刀	dāo
削	xiāo

萝	luó	一 十 卄 艹 艹 艹 芦 芦 萝 萝 萝
卜	bó	丨 卜
咸	xián	一 厂 厂 厂 厂 后 咸 咸 咸
解	jiě	丿 ⺈ ⺈ 角 角 角 角 解 解 解 解 解 解
账	zhàng	丨 冂 贝 贝 贝 贝 账 账 账
让	ràng	丶 讠 讠 让 让
破	pò	一 ア 石 石 石 矿 矿 矿 破 破
费	fèi	乛 コ 弓 弗 弗 弗 费 费 费
辛	xīn	丶 亠 亠 立 立 产 辛

拉 lā	一 亅 扌 扌 扩 扩 拉 拉
如 rú	𡿨 女 女 如 如 如
尝 cháng	丨 丷 ⺌ ⺌ 尝 尝 尝 尝 尝
常 cháng	丨 丷 ⺌ ⺌ 常 常 常 常 常 常 常
夜 ye	丶 亠 广 疒 夜 夜 夜 夜
摊 tān	一 亅 扌 扌 扌 扌 扌 扌 扌 摊 摊 摊 摊
宵 xiāo	丶 丶 宀 宀 宀 宀 宵 宵 宵 宵
闻 wén	丨 门 门 门 闩 闩 闻 闻 闻
溴 chòu	丶 丶 氵 氵 氵 泊 泊 泊 泊 浿 溴 溴 溴

盒 hé	丿 人 𠆢 亼 合 合 合 盒 盒 盒 盒
非 fēi	丨 ㅓ 扌 彐 非 非 非 非
便 biàn	丿 亻 仁 仁 佰 佰 佰 便 便
豆 dòu	一 丆 丙 丙 豆 豆 豆
腐 fǔ	丶 亠 广 广 广 庁 府 府 府 腐 腐 腐 腐 腐

第八课　祝你生日快乐!

dì bā kè　zhù nǐ shēngrì kuàilè!

제 8 과　생일 축하해!

생일과 물건 구매하기

새단어 生词 [shēngcí] 녹음29

- 周六 zhōuliù 명 토요일
- 一块儿 yíkuàir 부 함께, 같이
- 礼物 lǐwù 명 선물
- 行 xíng(r) 되다(=可以)
- 个人 gèrén 명 개인
- 合伙 héhuǒ 함께, 동업하다, 공동
- 每人 měi rén 한 사람마다
- 拿 ná 동 가지다, 지니다
- 万 wàn 수 만(수사단위)
- 黄色 huángsè 명 노란색
- 毛衣 máoyī 명 스웨트
- 打折价 dǎzhéjià 명 할인가(가격 价格 jiàgé, 价钱)
- 款式 kuǎnshì 명 디자인(服装设计 fúzhuāng shèji)
- 漂亮 piàoliang 형 예쁘다
- 大小 dàxiǎo 명 사이즈(长短 chángduǎn 길이)
- 合适 héshì 형 알맞다
- 柜台 guìtái 명 카운터(=收银台 shōuyíntái, 钱柜 qiánguì)
- 找 zhǎo 동 찾다, 거슬러 주다, 거슬러 받다.

제8과 실용회화(实用会话[shíyòng huìhuà]) 녹음30

1

A : 下(个)星期小杨过生日.
xià(ge) xīngqī xiǎo yáng guò shēngrì.

B : 是吗? 周六一块儿去买礼物, 怎样?
shì ma? zhōuliù yìkuàir qù mǎi lǐwù, zěn yàng?

C : 行. 个人买还是合伙买呢?
xíng(r). gèrén mǎi háishì héhuǒ mǎi ne.

A : 合伙买吧. 我们三个人每人拿三万块钱,
héhuǒ mǎi ba. wǒmen sān ge rén měi rén ná sān wàn kuài qián,

好吗?
hǎo ma

B：好，拿九万买个蛋糕，再买个礼物.
hǎo, ná jiǔ wàn mǎi ge dàngāo, zài mǎi ge lǐwu.

....

A：(祝你)生日快乐!
(zhù nǐ) shēngrì kuàilè

D：谢谢! 请进!
xièxie! qǐng jìn!

2

C：小姐，这件黄色毛衣多少钱?
xiǎojiě, zhè jiàn huángsè máoyī duōshǎo qián?

F：五万九千块钱一件.
wǔ wàn jiǔ qiān kuài qián yí jiàn.

B：现在打不打折?
xiànzài dǎ bu dǎzhé

F：五万九就是打折价.
wǔ wàn jiǔ jiù shì dǎzhéjià.

A：我看，颜色款式都漂亮，大小也会合适.
wǒ kàn, yánsè kuǎnshì dōu piàoliang, dàxiǎo yě huì héshì.

B：那就买这件吧.
nà jiù mǎi zhè jiàn ba.

F：请先到柜台解账.
qǐng xiān dào guìtái jiězhàng.

....

B：给妳六万(块钱).
gěi nǐ liù wàn (kuài qián).

G：找妳一千(块钱).
zhǎo nǐ yì qiān (kuài qián).

중국어규칙 및 표현 다지기

1 '拿'는 '가지다, 지니다'란 뜻이지만, "我们三个人每人拿三万块钱." 중의 '拿'는 '내다', 즉 '出 chū 내다'란 표현으로 사용 되어 "우리 세 사람 한 사람마다 3만원을 내서..." 란 해석이 된다.

2 '看'의 '보기에' 표현과 '看+起來'

'看'은 '보다'란 뜻이지만 또 우리말의 '보기에'란 표현으로 사용되는데, 통상 1인칭과 2인칭 뒤에 사용되어, 주어가 '보기에…하다'는 표현으로 주어의 생각을 나타낸다. '看起來'도 우리말의 '보기에'란 표현으로 사용되지만 통상 뒤에 형용사가 와서 대상을 묘사해준다.

3 '合适 héshì'와 '适合 shìhé 적합'·'适应 shìyìng 적응'

'合适'은 형용사로 '알맞다'의 뜻 이외, '适合 적합하다'의 뜻으로도 사용된다. '适合… '은 동사로 또 '…에 적합하다'란 표현으로 실제상황에 부합하는 것을 의미한다. '适应…'은 동사로 '…에 적응하다'란 표현으로, 객관적 조건에 적응하는 뜻을 지닌다.

大小长短正合适.
dàxiǎo chángduǎn zhèng héshì
사이즈, 길이는 꼭 맞다.

长短 chángduǎn 길이
正 zhèng 마침

这个人最适合我们公司所招聘的条件.
zhè ge rén zuì shìhé wǒmen gōngsī suǒ zhāopìn de tiáojiàn
이 사람은 우리회사 초빙조건에 가장 적합하다.

所 suǒ …한 바
招聘 zhāopìn 초빙(하다)
条件 tiáojiàn 조건

我很能适应新环境.
wǒ hěn néng shìyìng xīn huánjìng
나는 새로운 환경에 매우 적응을 잘 한다.

新 xīn 새롭다
环境 huánjìng 환경

대체 및 활용연습

1 一共多少(块)钱?
yígòng dōshao (kuài) qián
합계 얼마입니까?

牛仔裤三百块六毛二分, 皮夹克九百块,
niúzǎikù sān bǎi kuài liù máo èr fēn, píjiākè jiǔ bǎi kuài,
청바지 300.62원이고, 가죽점퍼는 900원,

一共一千二百块六毛二分(钱).
yígòn yì qiān èr bǎi kuài liù máo èr fēn (gián)
합계 1,200.62원.

> 牛仔裤 niúzǎikù 청바지
> 皮夹克 píjiākè 가죽점퍼, 가죽 재킷

> 一共 yígòn 합계

2 你要(买)什么?
nǐ yào (mǎi) shénme.
당신 뭐 사려고 합니까? / 당신 뭐 드릴까요?

我要买一套黑色西装·白衬衫·蓝色领带和灰色袜子.
wǒ yào mǎi yí tào hēisè xīzhuāng · bái chènshān · lánsè lǐngdài hé huīsè wàzi.
저는 검은 양복 한 벌, 흰 셔츠, 남색 넥타이와 회색 양말을 사려고 합니다.

대체

黄色套裙·绿色T恤·一条裤子和丝袜
huángsè tàoqún · lǜsè Txù · yì tiáo kùzi hé sīwà
노란 투피스, 초록 티, 바지 하나와 스타킹

一件外套·手套·围巾·手帕和毛巾
yí jiàn wàitào · shǒutào · wéijīn · shǒupà hé máojīn
외투 하나, 장갑, 목도리·손수건과 수건

3 吓死人了！ 可不可以便宜点儿？
xià sǐ rén le! kěbukěyǐ piányi diǎnr
사람 놀라 죽겠다. 좀 저렴하게 해줄 수 있어요 없어요?

> 吓 xià 놀라다
> 便宜 piányi 저렴하다

对啊！ 实在是贵了点儿
duì a! shízài shì guì le diǎnr
맞아! 실제로 약간 비싸다.

> 实在 shízài 실제(로)

4 要花多长时间？
yào huā duōcháng shíjiān
얼마나 긴 시간이 소요되어야 하니?

> 花 huā 소요하다, 꽃
> 长 cháng 길다
> 时间 shíjiān 시간

需要一个半小时. 进来， 喝杯菊花茶.
xūyào yí ge bàn xiǎoshí. jìnlái, hē bēi júhuāchá.
1시간 반이 필요해. 들어와, 국화차 한 잔 하지.

> 需要 xūyào 필요하다
> 小时 xiǎoshí 시간(시간의 간격)
> 菊花茶 júhuāchá 국화차

5 你喜欢什么颜色？
nǐ xǐhuān shénme yánsè
너는 무슨 색깔을 좋아해?

我喜欢粉红色.
wǒ xǐhuān fěnhóngsè
나는 분홍색을 좋아해.

대체

黑色	hēisè	검은색 (黑 검다, 어둡다, 검은)
白色	báisè	흰색 (白 희다, 흰)
红色	hóngsè	빨간색 (红 빨갛다, 빨간)
黄色	huángsè	노란색 (黄 누렇다, 노란)
土黄色	tǔhuángsè	황토색
蓝色	lánsè	파란색 (蓝 파랗다, 파란)
绿色	lǜsè	초록색 (绿 푸르다, 푸른)
灰色	huīsè	회색

중국말 다지기 녹음31

我在服装店买了一条牛仔裤，一件皮夹克和毛衣.
wǒ zài fúzhuāngdiàn mǎi le yì tiáo niúzaǐkù, yí jiàn píjiākè hé máoyī.

牛仔裤一百块，皮夹克七百块，毛衣两百五.
niúzǎikù yì bǎi kuài, píjiākè qī bǎi kuài, máoyī liǎng bǎi wǔ.

一共一千零五十块(钱).
yígòng yì qiān líng wǔ shi kuài (qián)

这个服装店不二价. 可是，我很喜欢，所以，就买下了.
zhè ge fúzhuāngdiàn búèrjià. kěshì, wǒ hěn xǐhuān, suǒyǐ, jiù mǎi xià le.

我先到收银台解了账，拿着收据来拿货.
wǒ xiān dào shōuyíntái jiě le zhàng, ná zhe shōujù lái ná huò.

裤子大小正合适，只是长了点儿.
kùzi dàxiǎo zhèng héshì, zhǐshì cháng le diǎnr.

售货员说：可以帮我修改. 大概要花一个小时.
shòuhuòyuán shuō: kěyǐ bāng wǒ xiūgǎi. dàgài yào huā yí ge xiǎoshí.

我只好就去逛了一个钟头的街.
wǒ zhǐhǎo jiù qù guàng le yí ge zhōngtóu de jiē.

단어

服装店	fúzhuāngdiàn	옷가게
不二价	bú'èrjià	정찰가격, 에누리가 없다
收据	shōujù	영수증 = 发票 fāpiào
货	huò	물건
只是	zhǐshì	단지, 다만
售货员	shòuhuòyuán	판매원
只好	zhǐhǎo	단지…할 수밖에 없다
逛	guàng	구경하다
钟头	zhōngtóu	시간(시간의 간격) = 小时 xiǎoshí
街	jiē	거리
逛街	guàngjiē	쇼핑하다

문장분석

1. 我在服裝店买了一条牛仔裤，一件皮夾克和毛衣.

주어: 我 / 장소부사: 在服裝店 / 동사: 买 / 목적어: 一条牛仔裤，一件皮夾克和毛衣

2. 我只好就去逛了一个钟头的街.

주어: 我 / 부사: 只好 / 부사: 就 / 방향사: 去 / 동사: 逛 / 목적어: 一个钟头的街

용법

'着'자는 동사 뒤에 놓여 '동사+着'형으로 ①상태, ②동작의 지속, ③두 동작의 동시 지속 혹은 진행을 나타낸다. 여기에서는 ③번에 해당한다.

拿着收据來拿貨.

영수증을 가지고 물건을 가지러 온다.

내 실력체크

듣기 녹음32

1 선택

① 30% 할인　70% 할인　　② 56,000원　59,000원

2 O, × 문제

① 바지가 약간 짧다......(　　)　　② 나는 노란색을 좋아한다 ......(　　)

대화

1 你的生日是几月几号?

________________.

阳历 yánglì 양력

2 这件外套多少钱?

________________.

번역 및 정답

회화 번역

1. 다음 주에 샤오 양의 생일이야.
 그래? 토요일 함께 선물을 사러가는 것 어때?
 돼, 개인적으로 살래 아님 함께 살래?
 함께 사자. 우리 세 사람 한 사람당 3만원을 내는 게 어때?
 좋아, 9만원으로 케이크 하나 사고, 또 선물 하나 사자.
 ....
 생일 축하해!
 고마워요, 들어오세요.

2. 아가씨, 이 빨간 스위트는 얼마입니까?
 하나 59,000원입니다.
 지금은 세일해요 안 해요?
 59,000원이 바로 세일가격입니다.
 내가 보기에는 색깔 디자인 모두 예쁘고, 사이즈도 맞을 것 같아.
 그럼 곧 이것을 사죠.
 먼저 카운터에 가서 계산을 하세요.
 ....
 6만원이에요.
 천원 거슬러 드립니다.

중국말다지기 번역

나는 옷가게에서 청바지 하나, 가죽 재킷 하나와 스웨터를 샀다.
청바지는 100원이고, 가죽 재킷은 700원이고, 스웨트는 250원
합계 1050원이다.
이 옷가게는 에누리가 없다. 그러나 나는 너무 좋아서 곧 사버렸다.
나는 먼저 계산대에 가서 계산을 하고, 영수증을 가지고 물건을 받았다.
바지 사이즈가 꼭 맞는데, 단지 약간 길다.
판매원이 말했다 : 나를 도와 수선할 수 있고, 대략 1시간이 소요된다고.
나는 곧 가서 1시간의 쇼핑을 할 수밖에 없었다.

내 실력체크 정답

● 듣기

1. ① 打7折　② 59,000块钱
2. ① 裤子长了点儿.　② 我喜欢红色.

● 대화

1. 阳历5月25号.
2. 289,000块钱

간자체 쓰기

周 zhōu	丿 冂 冂 冂 用 周 周 周
块 kuài	一 十 士 圵 坅 坱 块
礼 lǐ	丶 ㇇ 礻 礻 礼
物 wù	丿 ㇐ 牛 牛 牜 牞 物 物
合 hé	丿 人 亼 今 合 合
伙 huǒ	丿 亻 亻 伙 伙 伙
每 měi	丿 ㇐ 仁 乍 每 每 每
拿 ná	丿 人 亼 今 合 合 含 拿 拿 拿

万	wàn	一 丆 万
红	hóng	𠃋 纟 纟 纟 纡 红
毛	máo	一 二 三 毛
衣	yī	丶 亠 ナ 衣 衣 衣
折	zhé	一 十 扌 扌 扩 扩 折
价	jià	丿 亻 亻 价 价 价
格	gé	一 十 木 木 朾 朾 柊 柊 格 格
款	kuǎn	一 十 士 士 吉 吉 吉 吉 款 款 款 款
式	shì	一 二 亍 工 式 式

服 fú	丿 刀 月 月 月 肌 服 服
装 zhuāng	丨 丬 丬 丬 壮 壮 壮 奘 奘 奘 奘 装
设 shè	丶 讠 讠 讠 设 设
计 jì	丶 讠 计 计
漂 piào	丶 丶 氵 氵 汀 沪 沪 洒 洒 洒 漂 漂 漂 漂
亮 liàng	丶 亠 亠 亠 亠 声 亮 亮 亮
适 shì	一 二 千 千 舌 舌 话 话 适
柜 guì	一 十 才 木 杠 杠 柜 柜
台 tái	厶 厶 台 台 台

收	shōu
服	fú
装	zhuāng
店	diàn
据	jù
发	fā
票	piào
货	huò
售	shòu

员 yuán	丨 冂 冃 吕 员 员
逛 guàng	ノ 犭 犭 犭 犴 犴 狂 狂 逛 逛
街 jiē	ノ 彡 彳 彳 彳 彳 彳 彳 往 往 往 街

第九课 我想订房.

dì jiǔ kè wǒ xiǎng dìng fáng

제 9 과 저는 방을 예약하고 싶습니다.

방 예약 및 호텔서비스

새단어 生词 [shēngcí] 녹음33

- 饭店 fàndiàn 명 호텔, 반점(酒店 jiǔdiàn 호텔, 酒吧 jiǔbā bar, 술집)
- 北京饭店 běijīng fàndiàn 고명 베이징(북경)호텔(오성급 호텔이며, 중국 베이징에서 가장 오래된 대표 호텔)
- 订 dìng 동 예약하다
- 房间 fángjiān 명 방
- 标准间 biāozhǔnjiān 명 일반 객실
- 豪华间 háohuájiān 명 호화 개실
- 套房 tàofáng 명 스위트룸 = 套间 tàojiān
- 网价 wǎngjià 명 인터넷 가격
- 经济间 jīngjìjiān 명 알뜰실(经济:경제, 경제적이다, 경제적인)
- 间 jiān 양 칸(방의 양사)
- 从~到~ cóng~dào~ 전 ~로부터 ~까지
- 但 dàn 접 그러나
- 提前 tíqián 동 앞당기다
- 退房 tuìfáng 동 체크아웃
- 留下 liúxià 동 남기다, 물려주다, 머무르다
- 姓名 xìngmíng 명 성명
- 早晨 zǎochén 명 이른 아침
- 拜托 bàituō 동 부탁하다
- 叫早服务 jiàozǎo fúwù 명 모닝콜 서비스. 服务 서비스(하다)
- 航巴 hángbā 명 공항버스
- 北京站 běijīngzhàn 고명 북경역

제9과 실용회화(实用会话[shíyòng huìhuà]) 녹음34

1

H : 喂，这儿是北京饭店．
wéi, zhèr shì běijīng fàndiàn

A : 我想订房．
wǒ xiǎng dìng fáng

H : 请问，打算几个人住？
qǐngwèn, dǎsuàn jǐ ge rén zhù

A : 三个人．那儿都有些什么样儿的房间？
sān ge rén. nàr dōu yǒu xiē shénme yàngr de fángjiān

H : 有标准间，豪华间和套房．
yǒu biāozhǔnjiān, háohuájiān hé tàofáng

A : 套间一天多少钱？
tàojiān yì tiān duōshao qián

H : 2,047元，网价785元．
liǎng qiān líng sì shi qī yuán, wǎngjià qī bǎi bā shi wǔ yuán

2

A：太贵了！有没有便宜点儿的？
tài guì le!　yǒu méi yǒu piányi diǎnr de

H：有，经济间一天1,068元，
yǒu,　jīngjìjiān yì tiān yì qiān líng liù shi bā yuán

网价397元．请问，你要哪间？
wǎngjià sān bǎi jiǔ shi qī yuán.　qǐngwèn, nǐ yào nǎ jiān

A：给我订个套间，从7月15号到21号．
gěi wǒ dìng ge tàojiān,　cóng qī yuè shí wǔ hào dào èr shi yī hào.

但也会提前退房．
dàn yě huì tíqián tuìfáng

H：好的．请留下姓名和手机号．
hǎo de.　qǐng liúxià xìngmíng hé shǒujīhào

3

A : 喂，我这儿是2013号房间.
wéi, wǒ zhèr shì èr líng yāo sān hào fángjiān.

明天早晨5点半，拜讬一下儿叫早服务.
míngtiān zǎochén wǔ diǎn bàn, bàituō yíxiàr jiàozǎo fúwù

H : 好的.
hǎo de.

A : 请问，航巴到饭店吗?
qǐngwèn, hángbā dào fàndiàn ma?

H : 不，航巴到北京站.
bù, hángbā dào běijīngzhàn.

중국어규칙 및 표현 다지기

1 '哪间'은 '哪个房间 어느 방'의 줄인 말이다. 여기의 '个'자는 반드시 써야 하며, 이것이 바로 중국어 특징 중의 하나 '양사를 즐겨 쓰는 표현'이며, 우리말에서는 '个'자를 번역하지 않아야 매끄러운 번역이 된다.

2 '到'의 여러 표현들

① 도착하다

他已经到印度了
tā yǐjīng dào yìndù le.
그는 이미 인도에 도착했다.

已经 yǐjīng 이미
印度 yìndù 인도

春天到了
chūntiān dào le.
봄이 왔다.

② 가다(보통 목적어 뒤에 '去'자를 동반한다)

他到 学校去了
tā dào xúexìào qù le.
그는 학교에 갔다.

③ 동사+到 : 완료

看到了
kàn dào le.
봤다.

④ ~까지

送到家门
sòng dào Jiāmén
집까지 배달하다 / 집까지 배웅하다

送 sòng 배달하다, 배웅하다

대체 및 활용연습

1 北京饭店周边环境怎样?
běijīng fàndiàn zhōubiān huánjìng zěn yàng
베이징호텔 주변 환경은 어떠합니까?

周边 zhōubiān 주변
环境 huánjìng 환경

附近有故宫 · 天安门广场 · 景山公园 ·
fùjìn yǒu gùgōng · tiān'ānmén guǎngchǎng · jǐngshān gōngyuán ·
王府井等等.
wángfǔjǐng děngděng
부근에는 고궁 · 천안문광장 · 경산공원 · 왕부정 등등이 있습니다.

故宫 gùgōng 고궁(박물관), 옛 자금성
天安门广场 tiān'ānmén guǎngchǎng 천안문광장
景山公园 jǐngshān gōngyuán 경산공원
王府井 wángfǔjǐng 왕부정
等等 děngděng 등등

2 王府井是什么地方?
wángfǔjǐng shì shénme dìfang?
왕부정은 어떤 곳이니?

王府井是北京的中心区.
wángfǔjǐng shì běijīng de zhōngxīnqū.
왕부정은 베이징의 중심지이다.

中心区 zhōngxīnqū 중심지
= 繁华区 fánhuáqū 번화가

3 酒店附近吃的方便吗？
jiǔdiàn fùjìn chī de fāngbiàn ma
호텔 근처에는 먹은 것이 편리합니까?

是的，餐厅很多．还有肯德基·麦当劳．
shì de, cāntīng hěn duō. hái yǒu kěndéjī · màidāngláo
예, 음식점이 많고, 또 KFC · 맥도날드가 있어요.

대체
汉堡王·韩国饭馆和购物中心．
hànbǎowáng · hánguó fànguǎn hé gòuwù zhōngxīn
햄버거 왕 · 한국음식점과 쇼핑센터

饭馆 fànguǎn 식당
购物 gòuwù 구매(하다)
中心 zhōngxīni 센터, 중심

4 房间里有几个床位？
fángjiān lǐ yǒu jǐ ge chuángwèi

床位 chuángwèi 침대

有两个．
yǒu liǎng ge.

5 我不明白，你的意思是…？
wǒ bù míngbái, nǐ de yìsi shì
저는 이해가 안 돼요, 당신의 뜻은…

明白 míngbái 이해하다
= 了解 liǎojie
意思 yìsi 뜻, 의사

你不了解，我再解释一下．
nǐ bù liǎojiě, wǒ zài jiěshì yíxià(r).
당신 이해가 안 되면, 제가 다시 좀 설명하겠어요.

解释 jiěshì 설명하다, 해석하다
= 说明 shuōmíng 설명

중국말 다지기 녹음35

孙先生到中国出差，他就上网订房间．饭店有
sūn xiānshēng dào zhōngguó chūchāi, tā jiù shàngwǎng dìng fángjiān. fàndiàn yǒu

标准间，豪华间和套房．他订的是北京
biāozhǔnjiān, háohuàjiān hé tàofáng. tā dìng de shì běijīng

红墙饭店套间大床．
hóngqiáng fàndiàn tàojiān dàchuáng.

他要乘坐中国国际航空回韩国．三天前，
tā yào chéngzuò zhōngguó guójì hángkōng huí hánguó. sān tiān qián,

已确认好了机票．出境前一天，还拜托服务员，
yǐ quèrèn hǎo le jīpiào. chūjìng qián yì tiān, hái bàituō fúwùyuán,

第二天清晨五点四十五分，叫醒他．
dì èr tiān qīngchén wǔ diǎn sì shi wǔ fēn, jiàoxǐng tā.

단어

出差	chūchāi	출장(가다)
红墙	hóngqiáng	홍담(빨간 담장)
大床	dàchuáng	큰 침대
乘坐	chéngzuò	타다(=乘=坐)
国际	guójì	국제
航空	hángkōng	항공
回国	huíguó	귀국(하다)
前	qián	전, 이전(=以前 yǐqián)
已	yǐ	이미(=已经 yǐjīng)
确认	quèrèn	확인(하다)
机票	jīpiào	비행기표
出境	chūjìng	출국(하다) ≠ 入境 rùjìng 입국(하다)
拜托	bàituō	부탁(하다)
服务员	fúwùyuán	종업원, 서비스 종사자
第二天	dì èr tiān	다음 날
清晨	qīngchén	이른 아침(=清早 qīngzǎo)
叫	jiào	부르다, 외치다
叫醒	jiàoxǐng	불러 깨우다

알아두기

주요 중국의 오성급 호텔 ★★★★★

北京饭店	베이징 호텔(북경반점)
王府井大饭店	왕푸징 따아 호텔(왕부정대반점)
香格里拉饭店	샹그리라 호텔(샹그리라반점)
北京国賓饭店	베이징 궈빈 호텔(북경국빈반점)

대만의 전설적인 오성급 호텔 ★★★★★

圆山大饭店	웬싼 따아 호텔(원산대반점)

문장분석

还拜托服务员第二天清晨五点四十五分叫醒他.

还	拜托	服务员	第二天清晨五点四十五分叫醒他
부사	동사	사람	사물
1	4	2	3

또 종업원에게 다음 날 새벽 5시 45분에 그를 불러 깨우기를 부탁한다.

메 모

내 실력체크

듣기 녹음36

1 선택

① 호텔 식당 ② 공항버스 버스

2 O, X 문제

① 나는 대한항공을 탈 예정이다...............(   )
② 나는 샹그리라 호텔에 머문다........(   )

대화

1 北京饭店.套间一天多少钱?

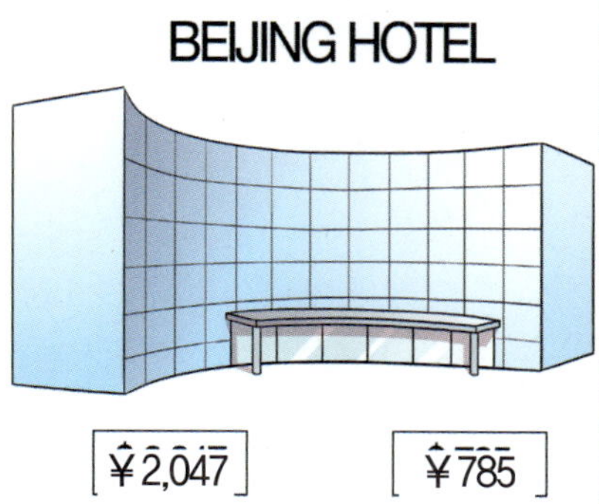

______________________________.

2 孙先生到中国干什么?

他 ______________________________.

번역 및 정답

회화 번역

1. 여보세요, 여기는 북경호텔입니다.
   저는 방을 예약하고 싶습니다.
   묻겠는데요, 몇 사람이 머물 예정입니까?
   세 사람인데요. 그 곳에는 모두 어떠한 방들이 있나요?
   일반실, 호화실과 스위트룸이 있습니다.
   스위트룸은 하루에 얼마입니까?
   2,047원이고, 인터넷 가격은 785원입니다.

2. 너무 비싸네요! 좀 저렴한 방 없습니까?
   있습니다. 알뜰실은 1,068원이고, 인터넷 가격은 397원인데, 여쭈겠습니다. 어떤 방을 원합니까?
   저에게 스위트룸을 하나 예약해 주세요, 7월 15일에서 21일까지인데, 그러나 또 앞당겨 체크아웃 할 수 있습니다.
   좋아요. 성명과 폰 번호를 남겨 두세요.

3. 여보세요. 저 여기는 2013호실입니다.
   내일 아침 5시 반에 모닝콜 좀 부탁합니다.
   좋습니다(알겠습니다).
   묻겠는데요, 공항버스는 호텔에 오나요?
   아니요, 공항버스는 북경역에 옵니다.

중국말다지기 번역

미스터 손은 중국에 출장간다. 그는 곧 인터넷에 접속해서 방을 예약한다.
호텔에는 일반실, 호화실과 스위트룸이 있다. 그가 예약한 것은 베이징홍창호텔 스위트룸 큰 침대다.
그는 중국 국제항공을 타고 한국으로 귀국하려고 한다. 3일 전,
이미 비행기 표를 확인하였고, 출국 전 날, 또 종업원에게 다음 날 새벽 5시 45분에 그를 깨우기를 부탁했다.

내 실력체크 정답

● 듣기

1. ① 饭店　　② 航巴
2. ① 我打算坐韩亚航空.　　② 我住香格里拉饭店.

● 대화

1. 2,047元, 网价785元.　　2. 出差.

간자체 쓰기

한자	병음
酒	jiǔ
订	dìng
房	fán
间	jiān
标	biāo
准	zhǔn
豪	háo
华	huá

经 jīng	𠃋 纟 纟 纟 纟 纟 纟 经
济 jì	丶 冫 氵 氵 汸 浐 济 济 济
但 dàn	丿 亻 亻 仴 但 但 但
提 tí	一 扌 扌 扌 扣 担 担 担 捍 捍 提 提
前 qián	丶 丷 䒑 广 广 前 前 前 前
退 tuì	乛 ヨ 彐 艮 艮 艮 退 退 退
留 liú	𠂆 𠂉 卬 卯 卯 留 留 留 留 留
晨 chén	丨 冂 日 日 旦 尸 尸 尸 晨 晨 晨
拜 bài	一 二 三 手 手 手 手 拜 拜

托 tuō	丶 讠 讠 讠 托
服 fú	丿 刀 月 月 肌 肌 服 服
务 wù	ノ 夕 夂 夂 务
航 háng	ノ 丿 月 舟 舟 舟 舟 舟 舟 航
巴 bā	乛 ㄱ 巳 巴
出 chū	ㄴ 凵 中 出 出
墙 qiáng	一 十 土 土 圹 圹 坵 坵 坵 墙 墙 墙 墙 墙
床 chuáng	丶 亠 广 广 庄 床 床
乘 chéng	一 二 千 千 千 千 乖 乖 乘 乘

际	jì	⺂ 阝 阝 阝 阝 阝 际 际
以	yǐ	丨 𠄌 以 以 以
已	yǐ	㇕ ㇕ 已
确	què	一 丆 丆 石 石 矿 矿 矿 确 确 确 确
机	jī	一 十 才 木 机 机
票	piào	一 ㄇ 币 币 覀 覀 覀 票 票 票 票
境	jìng	一 十 土 土 土 土 土 土 土 境 境 境 境 境
入	rù	丿 入
员	yuán	丨 口 口 月 员 员

第十课 到中国，顺便还要旅游.

dì shí kè dào zhōngguó, shùnbiàn hái yào lǚyóu

제10과 중국 가는 김에 또 여행을 하려고 한다.

중국여행, 여행수속과 길 묻기

새단어 生词 [shēngcí] 녹음37

- 上海 shànghǎi 지명 상하이, 상해
- 办 bàn 동 처리하다
- 完 wán 결보 끝나다
- 公 gōng 명 공무(公务의 줄인 말, 办公 공무를 처리하다 办公务의 줄인 말)
- 顺便 shùnbiàn …하는 김에
- 旅游 lǚyóu 동 여행(하다). = 旅行 lǚxíng = 观光 guānguāng 관광(하다)
- 待 dāi 동 머물다
- 习惯 xíguàn 명 동 습관(되다)
- 肯定 kěndìng 부 반드시 = 一定 yídìng
- 问题 wèntí 명 문제, 질문
- 吃得惯 chī de guàn 먹는데 습관 되다. 입에 맞다
- 而且 érqiě 접 또한
- 既然 jìrán 접 기왕에
- 烤鸭 kǎoyā. 명 오리구이(烤 굽다, 鸭 오리)
- 京剧 jīngjù 명 경극
- 杂技 zájì 명 중국 서커스, 잡기
- 玩 wán 동 놀다
- 帮 bāng 동 돕다
- 安排 ānpái 동 안배하다
- 日程 rìchéng 명 일정
- 传真 chuánzhēn 명 팩스
- 发 fā 동 보내다(문자나 메일 따위)
- 国际 guójì 명 국제
- 飞机 fēijī 명 비행기

- 登机人 dēngjīrén 명 탑승인(登机 탑승하다)
- 初 chū 초(초하루의 초)
- 班机 bānjī 명 비행기 편
- 一直 yìzhí 곧바로
- 往 wǎng 전 …로, …로 향하다
- 走 zǒu 동 걷다, 가다
- 十字路口 shízì lùkǒu 명 사거리
- 左 zuǒ 좌측(左边의 줄인 말)
- 拐 guǎi 동 돌다(= 转 zhuǎn)

제10과 실용회화(实用会话[shíyòng huìhuà]) 녹음38

1

B：想到北京，上海办完公，顺便旅游.
xiǎng dào běijīng, shànghǎi bàn wán gōng, shùnbiàn lǚyóu.

I：多少人？大概待多长时间？
duōshǎo rén? dàgài dāi duōcháng shíjiān?

B：两个人. 北京五天，上海四天. 住的会习惯，
liǎng ge rén. běijīng wǔ tiān, shànghǎi sì tiān. zhù de huì xíguàn,

吃的肯定不习惯.
chī de kěndìng bù xíguàn.

I：没问题. 这儿的韩国饭会吃得惯.
méi wèntí. zhèr de hánguó fàn huì chī de guàn

而且，既然到了中国，就要多尝尝中国菜.
érqiě, jìrán dào le zhōngguó, jiù yào duō chángchang zhōngguócaì

B：是的．很想吃吃北京烤鸭．还有，
shì de. hěn xiǎng chīchi běijīng kǎoyā. háiyǒu,

想看看京剧和杂技．到万里长城去玩玩．
xiǎng kànkan jīngjù hé zájì dào wànlǐ chángchéng qù wánwan

I：行，我们就帮你们安排一下旅游日程，
xíng, wǒmen jiù bāng nǐmen ānpái yíxià lǚyóu rìchéng,

用传真发给你．
yòng chuánzhēn fā gěi nǐ.

2

J：喂，是中国国际航空.
wèi, shì zhōngguó guójì hángkōng

B：我想确认机票.
wǒ xiǎng quèrèn jīpiào

J：是什么时候的飞机？ 登机人是谁？
shì shénme shíhòu de fēijī? dēngjīrén shì shéi

B：是二月初三早上九点二十分的班机.
shì èr yuè chū sān zǎoshang jiǔ diǎn èr shí fēn de bānjī.

登机人是张恩惠和孙文德.
dēngjīrén shì zhāng ēn huì hé sūn wén dé.

J：知道了. 都确认好了.
zhīdào le. dōu quèrèn hǎo le

3

B : 请问，去北京站怎么走？
qǐngwèn, qù běijīngzhàn zěnme zǒu

K : 一直往前走，到了十字路口，往左拐就是.
yìzhí wǎng qián zǒu, dào le shízì lùkǒu, wǎng zuǒ guǎi jiù shì.

B : 谢谢！
xièxie

K : 没事.
méi shì(r)

중국어규칙 및 표현 다지기

1 得의 '동사+得+동사'형 용법

'得'자는 정도보어결구조사로 '동사+得+형용사'형의 형용사구를 구사하는 것 이외 또 '동사+得+동사'형의 동사구를 구사하는데, 이럴 경우 단어로 익히기도 한다. 부정형은 '동사+得+不+형용사'와는 달리 '得' 대신 '不'를 써서 '동사+不+동사'형을 이룬다.

주 어 + 부 사 + 동 사(동사+得+동사) + 목적어

我 吃得惯 韩国泡菜.
wǒ chī de guàn hánguó pàocaì
나는 한국 김치가 입에 맞다.

吃得了	chī de liǎo	다 먹을 수 있다.
吃得起	chī de qǐ	먹을 형편(능력)이 된다.
用得了	yòng de liǎo	다 사용할 수 있다.
买得起	mǎi de qǐ	구입한 형편(능력)이 된다.

부정형 : 동사+不+동사

吃 不 惯.
吃 不 了.
吃 不 起.
用 不 了.
买 不 起.

2 既然～就～

‘既然’은 ‘기왕에’의 뜻을 가지는 접속사로 주어 앞 또는 뒤에 모두 놓일 수 있고, 복문으로 이루어진다. 뒤에 오는 문장에는 ‘就’ · ‘也’· ‘那么’ 등 부사가 와야 한다.

既然要走，就早点儿动身吧！
jìrán yào zǒu, jiù zǎo diǎnr dòngshēn ba
기왕에 가려면, 곧 좀 일찍 출발하자(해라).

> 早 zǎo 일찍
> 动身 dòngshēn 몸을 움직이다, 출발하다.

天既然黑了，我们就在这儿住一晚，
tiān jìrán hēi le, wǒmen jiù zài zhèr zhù yì wǎn,

等天亮了再出发吧
děng tiān liàng le zài chūfā ba

날이 기왕에 저물었으니, 우리는 곧 여기에서 하루 밤을 머물고,
날이 밝기를 기다렸다 출발하자.

> 天 tiān 하늘, 날
> 黑 hēi 검다, 어둡다
> 黑了 어두워지다
> 一晚 yì wǎn 하룻밤 = 一个晚上
> 亮 liàng 밝다
> 出发 chūfā 출발(하다)

대체 및 활용연습

1 你在韩国待几天?
nǐ zài hánguó dāi jǐ tiān
너는 한국에서 며칠 머무니?

在首尔待五天, 釜山两天, 一共七天.
zài shǒu'ěr dāi wǔ tiān, fǔshān liǎngtiān, yígòng qī tiān.
서울에서 5일, 부산 이틀, 합계 7일이야.

2 喂,这儿是中华航空公司.
wèi, zhèr shì zhōnghuá hángkōng gōngsī.
여보세요, 여기는 중화항공공사입니다.

대체

大韩	dàhán	대한
韩亞	hányà	아시아나
中国东方	zhōngguó dōngfāng	중국동방
中国南方	zhōngguo nánfāng	중국남방

我想确认机票. 七月二十四号早上九点十五分的班机.
wǒ xiǎng quèrèn jīpiào, qī yuè èr shi sì hào zǎoshang jiǔ diǎn shí wǔ fēn de bānjī.

登机人是李喜善.
dēngjīrén shì lǐ xǐ shàn.
저는 비행기표를 확인하고 싶습니다. 7월 24일 아침 9시15분 비행기 편이고, 타승인은 이희선입니다.

3 我和同屋到机场接你.

wǒ hé tóngwū dào jīchǎng jiē nǐ

나는 룸메이트와 함께 공항에 가서 너를 마중한다.

同屋 tóngwū 룸메이트
机场 jīchǎng 공항
接 jiē 마중하다, 받다

대체 送 sòng 배웅하다, 선사하다

我跟团一起去, 你不要操心. 放心吧.

wǒ gēn tuán yìqǐ qù, nǐ bú yào cāoxīn. fàngxīn ba

나는 관광단과 함께 가니 너 걱정하지마, 마음 놓아.

跟 gēn 따라, …와(=和 hé)
团 tuán 관광단(观光团 quānquāngtuán의 줄인 말)

4 请问, 去明洞要坐几路车?

qǐngwèn, qù míngdòng yào zuò jǐ lù chē

물겠습니다. 명동에 가는데 몇 번 차를 타야 합니까?

操心 cāoxīn 걱정하다(=担心 dānxīn)
放心 fàngxīn 마음 놓다
明洞 míngdòng 명동

坐二路地铁, 或是三一六路大巴.

zuò èr lù dìtiě, huòshì sān yāo liù lù dàbā

2호선 지하철, 혹은 316번 버스를 타세요.

路 lù 길
地铁 dìtiě 지하철
大巴 dàbā 큰 버스
或是 huòshì 혹은

대체 走路就可以. 走路十五分钟就到了.

zǒu lù jiù kěyǐ. zǒu lù shí wǔ fēn zhōng jiù dào le.

걸으면 됩니다. 걸어서 15분이면 곧 도착합니다.

5 时间不早了，要赶紧回家了.
shíjiān bù zǎo le, yào gǎnjǐn huí jiā le
시간이 이르지 않으니 빨리 집으로 돌아가야 해.

> 赶紧 gǎnjǐn 빨리
> 回家 huí jiā 집으로 돌아가다
> 早 zǎo 이르다. 일찍

对呀! 来不及了，要赶路了.
duì ya! láibùjí le, yào gǎnlù le.
그래! 시간이 없다. 길을 재촉해야 돼.

> 來不及 láibùjí 시간이 없다
> 赶路 gǎnlù 길을 재촉하다
> (赶 쫓다)

6 你打算坐什么去?
nǐ dǎsuàn zuò shénme qù
너는 무엇을 타고 갈 예정이니?

我打算坐飞机.
wǒ dǎsuàn zuò fēijī
나는 비행기를 탈 예정이다.

대체

火车	huǒchē	기차
豪华大巴	háohuá dàbā	호화버스
汽车	qìchē	승용차
出租汽车	chūzū qìchē	택시(打的 dǎ dī 택시를 타다)
公共汽车	gōnggòng qìchē	버스 = 巴士(bāshì) = 大巴
骑自行车	zìxíngchē	자전거 타다.
摩托车	mótuōchē	오토바이
马	mǎ	말

7 你的声音太小，我听不清楚，请大点儿声说，好吗?

nǐ de shēngyīn tài xiǎo, wǒ tīng bù qīngchǔ, qǐng dà diǎnr shēng shuō, hǎo ma

당신의 목소리가 너무 작아 잘 들이지 않으니 좀 큰 소리로 말해주시는 것 어때요?

好的，真抱歉.

hǎo de, zhēn bàoqiàn

예, 정말 미안해요.

声音 shēngyīn 소리
声 shēng 声音의 줄인 말
抱歉 bàoqiàn 미안하다 = 对不起

중국말 다지기 녹음39

孙先生，张小姐和一个同事，他们三个人一块儿去
sūn xiānshēng, zhāng xiǎojiě hé yí ge tóngshì, tāmen sān ge rén yíkuàir qù

中国出差，顺便打算旅行．他们初三去北京，
zhōngguó chūchāi, shùnbiàn dǎsuàn lǚxíng. tamen chū sān qù běijīng,

十一号回国．打算在中国待上九天八夜．
shí yī hào huíguó. dǎsuàn zài zhōngguó dāi shàng jiǔ tiān bā yè.

张小姐正忙着安排旅游日程．
zhāng xiǎojiě zhèng máng zhe ānpái lǚyóu rìchéng.

她安排初三带他们去天安门跟王府井，初四去长城，
tā ānpái chū sān dài tāmen qù tiān'ānmén gēn wángfǔjǐng, chū sì qù chángchéng,

从初五到初七在北京办公，有空，去看看故宫，颐和园，
cóng chū wǔ dào chū qī zài běijīng bàngōng, yǒu kòng, qù kànkan gùgōng, yíhéyuán,

吃吃北京烤鸭，看看京剧和杂技，
chīchi běijīng kǎoyā, kànkan jīngjù he zájì,

看看中国人的生活习俗.
kànkan zhōngguórén de shēnghuó xísú.

还到购物中心购物，逛逛街.
haí dào gòuwù zhōngxīn gòuwù，guàngguang jiē.

初八坐火车到上海，从上海回国.
chū bā zuò huǒchē dào shànghǎi, cóng shànghǎi huíguó.

他们的飞机是早上九点二十分的，
tāmen de fēijī shì zǎoshang jiǔ diǎn èr shí fēn de,

飞机虽然九点二十分起飞，但是，
fēijī suīrán jiǔ diǎn èr shi fēn qǐfēi, dànshì,

为了办手续，就要在两个小时之前到达机场.
wèi le bàn shǒuxù, jiu yào zài liǎng ge xiǎoshí zhī qián dàodá jīchǎng,

回国没几天，就要过春节了. 所以，回国后，
huíguó méi jǐ tiān, jiù yào guò chūnjié le. suǒyǐ, huíguó hòu,

在机场分开时，他们互相打了个招呼，
zài jīchǎng fēnkāi shí, tāmen hùxiāng dǎ le ge zhāohu,

说声："过年快乐!"
shuō shēng : guònián kuàilè!

단어

出差	chūchaī	출장
打算	dǎsuàn	…할 예정이다
回国	huíguó	귀국하다
九天八夜	jiǔ tiān bā yè	8박9일
带	dài	휴대하다, 이끌다, 인솔하다(带团)
空	kòng	시간(여가의 시간)
颐和园	yíhéyuán	이화원
生活	shēnghuó	생활(하다)
习俗	xísú	관습, 풍습(风俗 fēngsú)
购物中心	gòuwù zhōngxīn	쇼핑센터
购物	gòuwù	구매하다
中心	zhōngxīn	센터, 중심
逛街	guàngjiē	쇼핑하다
虽然	suīrán	비록…하지만
起飞	qǐfēi	이륙하다
但是	dànshì	그러나
手续	shǒuxù	수속
之前	zhīqián	이전=以前 yǐqián
春节	chūnjié	춘절, 설=过年 guònián
分开	fēnkāi	헤어지다
时	shí	때
互相	hùxiāng	서로
打	dǎ	하다(打招呼 인사하다)
招呼	zhāohu	인사
声	shēng	一声의 줄인 말, 한 마디
过年	guònián	설

설 인사말

过年发财! guònián fācái
恭喜!恭喜! gōngxǐ! gōngxǐ!
过年好!
过年快乐!

发财 fācái 횡재하다
恭喜 gōngxǐ 축하하다

'설 명칭' 일러두기

중국어의 '설'은 '过年' 또는 '春节'라 하고, 신정을 '元旦 yuándàn 원단'이라 한다. '新年 xīnnián 신년'이란 말은 '설'의 의미가 강하지만, 신정으로 오인할 수도 있다.

어휘의 사용법

1. '之前'은 '이전'의 뜻으로 '以前 이전'으로 사용할 수 있으나, '以前'은 또 '옛날'이란 뜻, '从前 cóngqián"의 뜻으로도 사용된다.

2. '打'의 의미.

① 때리다, 치다	他打我.	그가 나를 때리다.
② (전화를) 걸다	我打电话.	나는 전화를 걸다.
③ (손으로 하는 운동을) 하다	弟弟打排球.	남동생은 배구를 하다.
④ (인사를) 하다	他们互相打招呼	그들은 서로 인사한다.
⑤ (연필 따위의 양사) 다스	一打鉛笔	연필 한 다스.

내 실력체크

듣기 녹음40

1 선택

① 경극　중국서커스　　　② 이화원　천안문

2 O, X 문제

① 나는 중국요리가 입에 맞다. .....(　　)

② 초 4일 만리장성에 간다.......(　)

대화

1 孙先生他们在中国待多久？

______________________________.

2 他们想旅游哪些地方？

______________________________.

번역 및 정답

회화 번역

1. 베이징, 상하이에 가서 공무를 다 처리하고, 간 김에 여행을 가고 싶다.
   인원이 얼마나 됩니까? 대략 얼마 동안 머뭅니까?
   두 사람이고, 베이징 5일, 상하이 4일입니다. 거주하는 것은 적응될 것이지만, 먹는 것이 분명 적응이 안 됩니다.
   문제없습니다. 이곳의 한국음식은 입에 맞을 겁니다. 또한, 기왕에 중국에 왔으니 중국음식을 많이 맛보셔야죠.
   그럼요. 북경오리구이를 좀 먹고 싶어요. 또 있어요. 경극과 중국서커스를 좀 보고 싶고, 만리장성에 가서 좀 놀고 싶어요.
   됩니다. 우리는 곧 당신들을 도와 여행일정을 좀 안배하고, 팩스로 당신에게 보내겠습니다.

2. 여보세요, 중국국제항공입니다.
   저는 비행기 표를 확인하고 싶습니다.
   언제 비행기며? 탑승자는 누구십니까?
   2월 초 3일 아침 9시 20분 비행기편이고, 탑승자는 장은혜와 손문덕입니다.
   알겠습니다. 모두 다 확인되었습니다.

3. 묻겠습니다. 북경역에 가는데 어떻게 가죠?
   계속 앞으로 걸어서 사거리에 도착해서 왼쪽으로 돌면 바로 북경역이에요.
   고마워요!
   괜찮아요.

중국말다지기 번역

미스터 손, 미스 장과 한 동료, 그들 세 사람은 함께 중국에 출장을 간다. 가는 김에 여행을 할 예정이다. 그들은 초 3일에 북경에 가서, 11일에 귀국한다. 중국에서 8박9일 머물 작정이다. 미스 장은 여행일정을 안배하느라 바쁜 중이다.

그녀는 초 3일에는 그들을 데리고 천안문과 왕푸징에 가고, 초 4일에는 만리장성, 초 5일에서 초 7일까지는 북경에서 일을 보면서 시간이 나면, 고궁, 이화원에 가서 좀 구경하고, 북경오리구이를 좀 먹고, 경극과 서커스를 좀 보고, 중국인의 생활관습을 좀 보며, 또 쇼핑센터에 가서 물건을 사고 길거리 구경 좀 하고, 초 8일에는 기차를 타고 상해에 가서 상해에서 귀국하는 것으로 안배하였다.

그들의 비행기는 아침 9시 20분 비행기다. 비행기는 비록 9시 20분에 이륙하지만, 그러나 수속을 밟기 위하여 꼭 2시간 이전에 공항에 도착해야 한다. 귀국해 며칠 안 돼서 곧 설을 지내야 한다. 그러므로 귀국 후, 공항에서 헤어질 때, 그들은 서로 인사를 나누었고, "설 즐겁기를 바랍니다."고 한 마디씩 하였다.

내 실력체크 정답

- 듣기

1. ① 杂技　　② 天安门
2. ① 我吃不惯中国菜　　② 初四去长城

- 대화

1. 九天.　　2. 紫金城和万里长城

간자체 쓰기

海	hǎi	丶 丶 氵 氵 氵 汇 海 海 海 海
办	bàn	㇆ 力 办 办
完	wán	丶 宀 宀 宀 宀 宇 完
公	gōng	丿 八 公 公
顺	shùn	丿 川 川 川 川 顺 顺 顺
便	biàn	丿 亻 亻 亻 便 便 便 便 便
旅	lǚ	丶 亠 方 方 方 方 方 旅 旅 旅
游	yóu	丶 丶 氵 氵 氵 氵 游 游 游 游 游 游

观 guān	观
光 guāng	光
待 dāi	待
习 xí	习
惯 guàn	惯
肯 kěn	肯
定 dìng	定
问 wèn	问
题 tí	题

而	ér	一 丆 丆 丙 而 而
且	qiě	丨 冂 月 月 且
既	jì	㇕ ㇌ 彐 艮 艮 既 既 既 既
然	rán	丿 ク 夕 夕 夕 外 狄 狄 狄 然 然 然
烤	kǎo	丶 丷 火 火 灯 灶 炉 烂 烤 烤
鸭	yā	丨 冂 日 日 甲 甲 甲 鸭 鸭 鸭
京	jīng	丶 亠 亠 古 古 亨 京 京
剧	jù	㇕ 彐 尸 尸 尸 居 居 居 剧 剧
杂	zá	乙 九 九 杂 杂 杂

技 jì	一 十 扌 扌 扌 扌 技
玩 wán	一 二 干 王 王 王 玗 玩
帮 bāng	一 二 三 丰 丰 邦 邦 帮 帮
安 ān	丶 丶 宀 宀 安 安
排 pái	一 十 扌 扌 扌 扌 扌 扌 排 排 排
程 chéng	一 二 千 禾 禾 禾 禾 程 程 程 程 程
传 chuán	丿 亻 仁 仁 仁 传 传
际 jì	乛 阝 阝 阝 阝 阝 际 际
空 kōng	丶 丶 宀 宀 宀 空 空 空

한자	병음	필순
飞	fēi	⺄ ⺄ 飞
登	dēng	登 (필순 12획)
初	chū	初 (필순 7획)
班	bān	班 (필순 10획)
恩	ēn	恩 (필순 10획)
惠	huì	惠 (필순 12획)
孙	sūn	孙 (필순 6획)
文	wén	文 (필순 4획)
德	dé	德 (필순 15획)

直 zhí	一 十 丅 冇 冇 有 直 直
往 wǎng	′ 彡 彳 彳 彳 彳 往 往
走 zǒu	一 十 土 丰 丰 走 走
路 lù	丨 ㄇ 口 ㄗ ㄗ 足 足 趵 趵 趵 路 路 路
左 zuǒ	一 ナ 左 左 左
拐 guǎi	一 ↑ 扌 扌 扣 扣 拐 拐
转 zhuǎn	一 ㄊ 车 车 车 车 转 转 转

만리장성
중국어 3

초판인쇄 | 2013년 3월 5일
초판발행 | 2013년 3월 9일

저　　자 | 왕옥지
발 행 인 | 이성범
발 행 처 | 문운당
주　　소 | 서울시 종로구 혜화로5길 16 (명륜1가 45-3)
전　　화 | (02)762-6010
팩　　스 | 영업 (02)745-0265 / 편집 (02)762-8758
홈페이지 | http://munundang.co.kr
이 메 일 | munun2@chol.com

ISBN 978-89-7393-959-6 13720

정가 16,000원